施工项目成本计划与控制

吕玉惠　俞启元　编著

东南大学出版社
SOUTHEAST UNIVERSITY PRESS
·南京·

内容简介

施工项目成本是一个变量,其大小取决于怎样施工。客观存在于成本和施工决策之间的内在联系,决定了我国施工企业必须从目前使用的基于定额预算或成本核算方法的施工项目成本管理模式中转变过来,选择将影响施工项目成本的相关职能环节(要素)关联起来进行计划和控制的集成管理模式。通过基于信息交互的协同工作,实现基于施工决策的施工项目成本全面、全过程且动态的管理。

本教材力争打破"就成本论成本"的管理理念,系统介绍了基于集成管理模式的施工项目成本计划和控制方法,全书既注重理论分析,又强调实际应用,可作为工程管理和土木工程等相关专业的教材,也可供建筑施工企业相关技术人员和管理人员参考。

图书在版编目(CIP)数据

施工项目成本计划与控制/吕玉惠,俞启元编著. —南京:东南大学出版社,2015.7(2021.1重印)

ISBN 978 – 7 – 5641 – 5786 – 9

Ⅰ. ①施… Ⅱ. ①吕… ②吕… Ⅲ. ①建筑工程—工程施工—成本管理—教材 Ⅳ. ①F407.967.2

中国版本图书馆 CIP 数据核字(2015)第 113815 号

施工项目成本计划与控制

出版发行	东南大学出版社
出版人	江建中
网 址	http://www.seupress.com
电子邮箱	press@seupress.com
社 址	南京市四牌楼 2 号
邮 编	210096
经 销	全国各地新华书店
印 刷	南京京新印刷有限公司
开 本	700mm × 1000mm 1/16
印 张	13.5
字 数	265 千
版 次	2015 年 7 月第 1 版
印 次	2021 年 1 月第 5 次印刷
书 号	ISBN 978 – 7 – 5641 – 5786 – 9
印 数	6501~8000
定 价	29.00 元

本社图书若有印装质量问题,请直接与营销部联系。电话(传真):025 – 83791830。

前　　言

目前我国施工项目成本管理的理论与实践，由于在管理模式方面没有重大突破，所以无法准确地估算施工项目成本，进而无法有效地控制施工项目成本，由此出现诸如"以包代管"等粗放式的管理举措。激烈的市场竞争环境促使建筑施工企业必须加强其施工项目的成本管理，例如有些企业已提出"精细管理""先算后干、边干边算"等管理口号便是例证。问题在于，管理观念已经提出，但管理方法和手段还有待开发。

本教材重点论述基于集成管理模式的施工项目成本计划和控制方法，试图突破目前使用的基于标准成本控制原理的定额预算方法和基于传统会计理论的成本核算方法的静态思维理念，通过构建施工阶段信息模型，将施工项目的造价计价、进度管理、成本管理、资源管理、采购管理等职能岗位的信息关联起来，实现基于协同工作的针对施工项目成本的全面计划和全过程控制。

本教材由吕玉惠、俞启元共同编写，其创新点主要包括：
1. 提出了基于多要素集成方式的施工项目成本运行模型；
2. 提出了基于集成管理模式的施工项目成本计划、执行和控制一般原理；
3. 提出了基于协同工作的施工项目成本全面计划方法；
4. 提出了基于动态监测的施工项目成本全过程控制方法；
5. 全面地介绍了基于集成管理模式的施工项目成本控制计算机辅助决策系统。

将影响施工项目目标的相关要素集成起来管理是 21 世纪施工项目管理的主要发展方向，虽然作者在这方面做了一些研究工作，并将研究成果在本教材中作了较为全面的总结和归纳，但是，由于集成管理是一种一体化管理，针对这种管理的研究才刚刚开始，所以，在本教材中肯定会存在许多不足和缺憾，在此恳请读者批评指正。

作　者

2015 年 6 月于苏州科技学院

目 录

第1章 概述 ·· 1
1.1 工程项目 ·· 3
1.1.1 工程项目的概念 ··· 3
1.1.2 工程项目的特点 ··· 3
1.1.3 基于承发包体制的项目采购 ··· 3
1.2 工程项目成本 ·· 4
1.2.1 业主方的工程项目成本 ·· 4
1.2.2 施工方的工程项目成本 ·· 4
1.3 工程项目成本管理 ·· 5
1.3.1 业主方的工程项目成本管理 ··· 5
1.3.2 施工方的工程项目成本管理 ··· 5
1.4 现有施工项目成本管理系统 ·· 6
1.4.1 竣工后核算利润 ··· 6
1.4.2 定期核算利润 ··· 7
1.4.3 基于清单项目的利润核算 ··· 7
1.4.4 基于网络计划技术的施工项目成本控制系统 ················· 8
1.5 本课程的目标 ·· 8
1.5.1 提出了基于多要素集成方式的施工项目成本运行模型 ········· 9
1.5.2 提出了基于集成管理模式的施工项目成本计划、执行和控制一般原理 ········· 9
1.5.3 提出了基于协同工作的施工项目成本全面计划方法 ········· 10
1.5.4 提出了基于动态监测的施工项目成本全过程控制方法 ········· 11
1.5.5 基于集成管理模式的施工项目成本计划和控制方法的特点 ········· 12
1.6 本课程的主要内容 ·· 13
1.7 工程示例 ·· 14
1.7.1 工程概况及施工条件 ··· 14
1.7.2 主要工序的施工技术方法 ··· 14
1.7.3 工程量 ··· 14

  1.7.4 中标情况 ………………………………………………………………… 15
  1.7.5 如何开展施工项目成本计划和控制 …………………………………… 20
本章小结 ……………………………………………………………………………… 20
习题 …………………………………………………………………………………… 20

第 2 章 施工项目及其成本运行 ……………………………………………… 23

2.1 对施工项目的系统描述 ………………………………………………………… 25
  2.1.1 施工项目的基本概念 …………………………………………………… 25
  2.1.2 施工项目的系统结构 …………………………………………………… 27
2.2 施工项目成本 …………………………………………………………………… 30
  2.2.1 施工项目成本的基本概念 ……………………………………………… 30
  2.2.2 施工项目成本分解结构 ………………………………………………… 31
2.3 施工项目成本运行 ……………………………………………………………… 32
  2.3.1 决定成本项目大小的"量"和"价"指标及其计算 ………………… 32
  2.3.2 决策环节与施工项目成本的相关性 …………………………………… 34
  2.3.3 施工项目成本运行的一般模型 ………………………………………… 36
2.4 工程示例 ………………………………………………………………………… 36
  2.4.1 住宅建筑基础工程工作分解结构的构建 ……………………………… 36
  2.4.2 拟定分包方案 …………………………………………………………… 38
  2.4.3 拟定项目内施工资源配置方案 ………………………………………… 38
  2.4.4 成本分解结构及费用控制要点 ………………………………………… 38
本章小结 ……………………………………………………………………………… 39
习题 …………………………………………………………………………………… 39

第 3 章 施工项目成本计划和控制指标体系 ………………………………… 41

3.1 施工项目成本计划和控制指标体系的概念 …………………………………… 42
3.2 施工项目成本计划和控制过程对指标体系的要求 …………………………… 43
  3.2.1 满足动态管理的要求 …………………………………………………… 43
  3.2.2 根据耗费特征划分成本项目 …………………………………………… 44
  3.2.3 将总量控制和分段控制相结合 ………………………………………… 44
  3.2.4 将施工项目造价和成本结合起来 ……………………………………… 45
  3.2.5 根据不同管理层的需要设置指标体系 ………………………………… 45
3.3 基于集成管理模式的施工项目成本计划和控制指标体系 …………………… 45
  3.3.1 项目总成本 ……………………………………………………………… 45

    3.3.2 期末计划成本 ·· 49
    3.3.3 期内计划成本、实际成本和成本差异 ································ 50
    3.3.4 期末成本动态差异 ··· 54
    3.3.5 项目利润和项目利润率 ·· 57
  3.4 施工项目实际成本测量 ·· 60
    3.4.1 施工项目实际进度测量 ·· 60
    3.4.2 实际分包工程费测量 ·· 60
    3.4.3 实际实体材料费测量 ·· 60
    3.4.4 实际项目内施工资源费测量 ······································ 61
    3.4.5 实际现场包干费测量 ·· 62
  3.5 工程示例 ·· 62
  本章小结 ·· 66
  习题 ·· 66

第4章 施工项目成本计划 ·· 70
  4.1 施工项目成本计划工作一般原理 ··· 71
    4.1.1 协同工作 ·· 72
    4.1.2 计划工作流程 ·· 75
  4.2 承包工程造价计价 ·· 76
    4.2.1 承包工程造价的基本概念 ·· 76
    4.2.2 承包工程造价计价一般方法 ······································ 77
    4.2.3 投标报价 ·· 80
    4.2.4 工程价款调整的原则性规定 ······································ 80
    4.2.5 计算竣工结算造价 ·· 86
    4.2.6 计算进度款 ·· 86
    4.2.7 临时设施计价及基于收支对比要求的造价费用重构 ··················· 86
  4.3 施工项目进度及资源计划方法 ·· 89
    4.3.1 构建施工项目工作分解结构 ······································ 89
    4.3.2 网络分析 ·· 92
    4.3.3 编制基于计划进度的项目内资源需求计划 ·························· 96
  4.4 施工项目成本估算方法 ·· 98
    4.4.1 需求量指标 ·· 98
    4.4.2 单价的确定 ·· 99
  4.5 工程示例 ·· 108

4.5.1　进度计划 109
　　4.5.2　企业内部成本核算体制 109
　　4.5.3　施工项目成本计划示例 109
本章小结 116
习题 116

第5章　施工项目成本控制 121
5.1　施工项目成本监测 123
　　5.1.1　成本监测指标体系 123
　　5.1.2　监测的实施 127
5.2　评审项目状态 138
　　5.2.1　评价标准 138
　　5.2.2　失控的原因 139
　　5.2.3　对后续施工产生的影响 141
5.3　变更控制 142
　　5.3.1　变更申请 142
　　5.3.2　变更影响说明 143
　　5.3.3　对变更影响说明的审查 144
5.4　针对后续施工过程的重新计划 144
　　5.4.1　重新计划的策略 145
　　5.4.2　重新计划方法 146
　　5.4.3　计算控制期末的成本动态差异指标 147
5.5　工程示例 147
本章小结 152
习题 152

第6章　施工项目成本计划和控制计算机辅助决策系统 155
6.1　建筑施工企业成本管理模式及信息化方案 157
　　6.1.1　基本理念 157
　　6.1.2　施工项目成本管理的组织架构 158
　　6.1.3　建筑施工企业成本管理指标体系 161
　　6.1.4　建筑施工企业成本管理过程 162
6.2　施工项目成本计划和控制计算机辅助决策系统 165
　　6.2.1　系统研发思路 165

  6.2.2　系统总体流程 ·· 166
  6.2.3　主要辅助功能 ·· 166
 6.3　施工项目成本计划和控制计算机辅助决策软件基本操作 ·············· 172
  6.3.1　输入密码并进入软件 ·· 172
  6.3.2　关于"文件"菜单 ·· 173
  6.3.3　关于"当前工程"菜单 ·· 176
  6.3.4　关于"成本计划"菜单 ·· 179
  6.3.5　关于"成本台账"菜单 ·· 188
  6.3.6　关于"成本控制"菜单 ·· 191
  6.3.7　关于"库管理"菜单 ··· 195
  6.3.8　关于"报表编制"菜单 ·· 195
 本章小结 ··· 196
 习题 ··· 196

习题答案 ·· 197

参考文献 ·· 204

第1章 概　　述

教学目标

本章主要讲述施工项目成本管理的本质内涵、现有施工项目成本管理系统存在的问题以及本课程的主要目标和教学内容。通过本章学习,达到以下目标:
(1) 认识到降低施工项目成本的主要途径是改善施工技术和组织方法;
(2) 认识到施工项目成本管理的主要任务是给相关职能岗位提供决策支持;
(3) 了解本课程的教学目标、特点和内容安排。

教学要求

知识要点	能力要求	相关知识
施工项目成本管理的本质内涵	(1) 了解业主方降低工程项目成本的主要途径、管理工作的重点及主要的管理方法; (2) 掌握施工方降低施工项目成本的主要途径、管理工作的重点及主要的管理方法	(1) 业主方工程项目成本的本质是发生在其项目采购过程中的全部一次性费用;施工方工程项目成本的本质是发生在承包工程施工过程中的生产性费用。 (2) 工程项目成本是一个"变量",为了有效地降低成本,需要对工程项目成本进行必要的管理。 (3) 由于不同项目当事人眼中的工程项目成本的内涵不同,所以,分别形成了业主方和施工方的工程项目成本管理,其降低成本的途径、侧重面以及采用的管理方法均不相同。 (4) 施工方的工程项目成本管理一般被称为施工项目成本管理,作为施工项目管理的重要职能之一,强调通过构建和运行成本信息系统来为相关职能岗位的决策提供信息支持
目前被采用的施工项目成本管理系统	(1) 了解目前被采用的几种施工项目成本管理系统; (2) 了解不同系统的优点	(1) 竣工后核算利润; (2) 定期核算利润; (3) 基于清单项目的利润核算; (4) 基于网络计划技术的施工项目成本控制系统
本课程的教学目标、特点和内容安排	(1) 了解本课程的教学目标; (2) 了解本课程教学内容的特点; (3) 了解本课程的教学安排	(1) 施工项目成本运行的概念; (2) 基于多要素集成方式的施工项目成本运行; (3) 基于集成管理模式的施工项目成本计划和控制一般原理

基本概念

工程项目、不同项目当事人对工程项目成本的认识、业主方工程项目成本管理、施工方工程项目成本管理、认识几种施工项目成本管理系统、集成管理的基本概念及本质特征、基于集成管理模式的施工项目成本计划和控制的特点。

引 例

施工项目成本是从施工企业的角度提出的特定概念,是施工过程中发生的全部生产性费用,施工项目成本的大小,除了取决于施工合同规定的承包范围,还要受施工企业做出的诸如范围定义、选择施工技术、进度安排等施工决策的影响。客观存在于施工项目成本和施工过程中做出的一系列决策之间的内在联系,决定了我国施工企业需要从目前正在使用的基于定额预算或成本核算方法的施工项目成本管理模式中转变过来,选择将影响施工项目成本的相关职能环节(要素)关联起来进行计划和控制的集成管理模式。通过采用基于集成管理模式的施工项目成本计划和控制方法,实现基于施工决策的施工项目成本全面、全过程且动态的管理。作为工程项目管理前沿性研究成果的一种应用,如图1.1所示,借助于计算机信息系统提供的信息集成和决策支持能力,未来的施工项目成本计划和控制将是一种基于建筑信息模型(BIM)的、跨部门的、全面的、贯穿于施工全过程的工作方式。

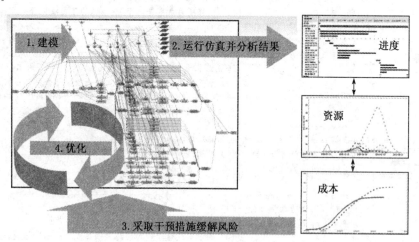

图1.1 未来的施工项目成本计划和控制过程示意图

1.1 工程项目

1.1.1 工程项目的概念

工程项目是将资金转化成资产的一次性活动过程。

在市场经济条件下,工程项目的起因,大多是出于投资的需要,如图1.2所示,作为直接投资的第一个环节,为了获得投资所需的资产,必须借助于工程项目。

图1.2 直接投资示意图

1.1.2 工程项目的特点

由于为投资而建造的资产一般是单件的、固定的,而且通常表现为规模巨大、技术系统十分复杂,所以,作为将资金转化成资产的一次性活动过程,相对于一般制造业的生产过程而言,工程项目具有如下特点:

1) 一次性

对应于资产的单件性和固定性,工程项目通常是一次性的,主要表现为具有明确的开始和结束时间、在特定的地点建造、采用临时性项目组织作为实施主体等。

2) 投资大、时间长

由于为投资而建造的资产通常规模巨大且技术系统复杂,所以,获得这种资产的过程一般需花费大量的资金和较长的时间。

3) 风险因素多

工程项目客观上存在大量风险因素,包括自然、技术、经济、社会等因素,这些潜在的风险因素一旦兑现,必将对工程项目带来负面影响,导致项目参与方蒙受经济损失。

1.1.3 基于承发包体制的项目采购

为了合理地分配风险,业主通常采用承发包体制,将施工任务"发包"给施工企业"承包"施工。承发包体制作为一种市场交易规则,其本质是:首先,施工企业被界定为一种提供施工劳务(服务商品)的服务型企业;其次,业主采购施工企业的施工劳务为其完成特定的施工任务并支付相应的价格。基于承发包体制,交易价格的计价过程如下:

1) 业主选择施工企业

通常采用招标采购方式,组织施工企业投标竞争,通过评审,选择能最大限度地满足业主要求的施工企业作为中标单位。

2) 合同定价

以中标单位的投标报价为依据,交易价格一般由施工合同约定,根据合同约定,施工过程中如果出现了施工企业难于预料的变更事件,还可以据此对合同约定的价格进行调整;当工程竣工后,则按照调整后的合同价格办理竣工结算,交易双方完成交易。

3) 计量支付

除了需预支备料款外,业主在施工过程中还必须定期向施工企业支付进度款。首先,通过工程计量确定结算期完成的施工任务;其次,根据合同约定计算对应于完成施工任务的合同价款;第三,以所计算的结算期合同价款为基础,确定结算期进度款并向施工企业支付。

1.2 工程项目成本

立足于不同的项目当事人,则工程项目成本的内涵是不同的。

1.2.1 业主方的工程项目成本

业主方的工程项目成本一般被称为工程造价。从业主方的角度看,工程项目成本是发生在其项目采购过程中的全部一次性费用。为了将资金转化成投资所需的资产,业主方一般需通过市场采购,组合社会资源形成建设能力,发生在业主采购过程中的全部一次性费用,就是工程项目成本。按业主采购社会资源的不同性质分类,工程项目成本一般由建筑安装工程费、设备及工器具购置费、工程建设其他费等费用项目组成。其中,建筑安装工程费是业主采购施工企业的施工劳务为其完成指定工程的施工任务,按施工合同的约定,必须支付给施工企业的劳务报酬,是一种价格。

1.2.2 施工方的工程项目成本

施工方的工程项目成本一般被称为施工项目成本。从施工方的角度看,工程项目成本是发生在承包工程施工过程中的生产性费用。为了履行施工合同,施工企业必须集合必要的施工资源形成相应施工能力,施工过程还需消耗大量的建筑材料,并委托分包商完成部分施工任务,施工过程中因占用了施工资源的工作时间、消耗了建筑材料以及使用了分包商,按采购(或雇用)协议必须由项目经理部支付的费用,就是施工方的工程项目成本。

不论从业主方的角度看,还是从施工方的角度看,工程项目成本均是一个"变量",其大小通常会受建设(施工)过程中相关因素的状态的影响。为了有效地降低成本,不论是业主方,还是施工方,均需对工程项目成本进行必要的管理。

1.3 工程项目成本管理

一般地讲,工程项目成本管理是指为实现成本最小化而对项目过程进行的计划、执行和控制,其中,实现成本最小化是管理目标,针对项目过程进行的计划、执行和控制是为了实现管理目标必须经历的管理环节。由于从不同项目当事人的角度出发,工程项目成本的内涵是不同的,所以,对应于工程项目成本的不同内涵,分别从业主方和施工方的角度讨论成本管理问题。

1.3.1 业主方的工程项目成本管理

业主方的工程项目成本管理一般被称为工程造价管理。就业主方而言,由于工程项目成本是发生在其项目采购过程中的全部一次性费用,其大小主要受所定义的项目范围、采用的采购方式、合同条件、基于既定合同条件的计价方式等因素的影响,所以,业主方降低工程项目成本的途径,主要包括合理的项目定义、严密的采购安排、科学的造价计价等方面。对应于降低成本的有效途径,业主方工程项目成本管理的侧重面主要集中在通过制订合理的投资控制体系并据此规范项目组织机构和个人的业务行为等方面。业主方工程项目成本管理采用的管理方法,一般包括项目策划方法、价值分析方法、限额设计方法、合同结构设计方法以及组织招标竞争等方面。

1.3.2 施工方的工程项目成本管理

施工方的工程项目成本管理一般被称为施工项目成本管理。就施工方而言,由于施工项目成本是发生在其承包施工过程中的生产性费用,其大小必然会受施工合同规定的承包范围和质量标准、拟定的施工方案、拟定的采购(分包)方案、基于资源选择的进度安排、施工企业规定的经济核算体制、施工过程中实施主体的行为状态等因素的影响,因此,施工方降低施工项目成本的途径,主要集中在不断地改善施工技术、组织方法和优化施工作业行为等方面,据此提高施工生产效率。由于施工项目的技术水平、管理水平和施工作业行为等通常取决于施工项目管理组织中相关职能岗位做出的一系列决定。也就是说，施工过程中不同职能岗位决策的合理性以及相关职能岗位之间决策的协调性如何，将直接影响施工项目成本的大小，所以，对应于降低成本的有效途径，施工方工程项目成本管理的侧重面主要集中在构建施工项目成本信息系统，通过实施基于成本信息系统的施工项目成本决策、计划、监测和分析等工作，一方面为不同职能岗位做出合理决策提供信息支持，另一方面为实现相关职能岗位之间的协同决策创造条件，以便于采取合理的措施对施工过程进行优化。施工方工程项目成本管理采用的方法，除了针对施工项目成本的计划、监测和分析等成本信息管理方法外，就针对施工过程采取的优化措施而言，主要集中在技术方法、经济方法、组织方法和合同方法等方面。

1.4 现有施工项目成本管理系统

由于工程产品的单件性导致了施工过程的一次性，所以，被制造业广泛使用并证明有效的标准成本控制原理并不能直接用于指导施工项目成本管理实践。基于对施工项目成本运行规律的不同认识，目前存在多种施工项目成本管理系统。实际工作中，虽然管理者针对施工过程做出的任何决定和采取的任何行动均可被看成是施工项目成本管理行为，然而，为了确保决定和行动的正确性，必须给管理者提供基于信息系统的决策支持。考察施工项目成本管理系统，就其实质而言，应该从"成本管理信息系统"角度更为合适。

1.4.1 竣工后核算利润

如公式(1-1)和公式(1-2)所示，施工企业在承包工程竣工后，将所获得的结算造价与所发生的实际成本相减，通过计算利润来评价施工项目的成本状况，利润计算过程中，费用数据一般是从企业必须记录的财务账目中摘出。

$$利润 = 结算造价 - 实际成本 \tag{1-1}$$

$$利润 = 结算造价 - 实际项目成本 - 实际期间费用 - 实际规费、税金 \tag{1-2}$$

本系统仅仅适用于规模较小、工期较短的工程，很少被作为正式的施工项目成本管理系统加以应用。本系统存在的问题主要包括：第一，如果不做额外的数据处理，由于造价和成本的费用构成不完全一致，难于在结算造价和实际成本之间进行比较明细的对比分析，导致系统只能提供汇总层面的决策支持信息；第二，由于在竣工后才进行利润计算，所以系统提供的决策支持信息并不能给本项目提供决策支持。

1.4.2 定期核算利润

如公式(1-3)和公式(1-4)所示,施工企业根据施工合同的约定,将承包工程施工过程划分成若干个结算期,施工过程中分别针对结算期内完成的施工任务,计算相应的结算造价和实际成本,据此进行"二算对比",或者计算相应的结算造价、计划成本(有些企业还需计算责任成本)、实际成本,据此进行"三算对比",通过对比,计算结算期利润、成本降低额和成本降低率等指标,据此评价施工项目在结算期内的成本状况。利润计算过程中,所需的费用数据同样是从企业必须记录的财务账目中摘出。

$$结算期利润 = 结算期结算造价 - 结算期实际成本 \quad (1-3)$$

$$结算期利润 = 结算造价 - 实际项目成本 - 实际期间费用 - 实际规费、税金 \quad (1-4)$$

本系统存在的问题主要包括:第一,计算结算造价和实际成本时所依据的实际进度(结算期实际完成的施工任务,一般用完成的实物工程量计量)很难做到同步,实际工作中,结算造价(一般被称为进度款)的计算期通常是由施工合同规定的,而实际成本的计算期通常是从便于成本控制的角度由施工企业确定的,两者不一定完全统一,退一步说,即使两者完全一致,由于结算造价的计算依据是清单工程量,而实际成本的计算依据是编制成本计划时定义的施工任务,两者的计量方式不尽一致,所以,要做到基于相同实际进度的结算造价和实际成本的计算,不是不可能,也是相当麻烦的,由于基于不同实际进度的结算造价和实际成本之间缺乏可比性,因此,硬要将两者进行对比,则容易产生偏差;第二,由于造价和成本的费用构成不完全一致,所以,如果不做额外的数据处理,则难于在结算造价和实际成本之间进行明细层面的对比分析,只能提供汇总层面的决策支持信息;第三,本系统只能揭示控制期内的成本信息,而不能预测控制期内的施工状况对后续施工成本的影响,无法提供有关成本变动趋势的信息。

1.4.3 基于清单项目的利润核算

为了避免因实际进度统计不同步导致的结算期利润的计算偏差,施工企业可直接将工程量清单项目作为估算工程造价、计划成本和归集实际成本的对象,基于所统计的结算期实际完成工程量,计算和归集对应的结算造价、计划成本和实际成本,在此基础上,进行"三算对比",并按公式(1-5)所示的方法,计算控制期利润。

$$控制期利润 = \sum (清单造价 - 清单成本) \quad (1-5)$$

本系统存在的问题主要包括:第一,将实际施工费用归集到清单项目的计算过程比较繁琐;第二,当若干个清单项目需共用某个施工机械以及施工过程使用散装材料且该材料被若干个清单项目共用时,则相应的机械和材料费难于在清单项目之间进行分配;第三,本系统同样只能揭示控制期内的成本信息,而不能预测控制期的施工状况对后续成本的影响,无法提供有关成本变动趋势的信息。

1.4.4 基于网络计划技术的施工项目成本控制系统

图 1.3 示意了基于网络计划技术的施工项目成本控制系统的工作原理。为了能准确预测控制期内施工状况对后续施工成本的影响,向管理者提供有关成本变动趋势的决策支持信息,需要编制基于网络计划技术的施工项目进度计划,并以进度计划中包含的每一道工序作为造价计价、预测计划成本和归集实际成本的对象。根据进度计划中每一道工序对人工、机械、周转材料和实体材料的需求,分别采用相应的方法计算承包造价和预测计划成本,并同样以工序为对象归集实际成本。基于网络计划技术的施工项目进度计划的定期更新计算,不仅能提供控制期内对应于实际进度的结算造价、计划成本、实际成本以及三者之间的差异等成本信息,而且能预测相对于进度计划更新前的成本变动趋势。

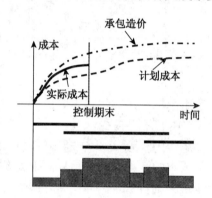

图 1.3 基于网络计划技术的施工项目成本控制系统示意图

如果估算承包工程造价时以工程量清单为对象,而估算(核算)施工项目成本时以工序为对象,由于工程量清单和工序是两种不同的工作分解结构(WBS),所以,本系统不能被直接应用。由于这个原因,本系统在国内很少被采用,除非是极少数按工序或施工作业清单为计价对象进行招标的民营项目。本系统在国外的应用主要集中在设计施工一体化项目,在这种项目中,承包商可很快地以表格形式提交基于施工作业清单的估价文件,因为这类工程一般被要求以施工作业为基础进行造价估算。

1.5 本课程的目标

本课程的目标是向大家介绍一种基于集成管理模式的施工项目成本管理系统,包括基于集成管理模式的施工项目成本管理基本理念、成本计划方法、成本控制方法,以及相应的计算机辅助决策系统。

理论上的创新和特点主要包括以下几方面:

1.5.1 提出了基于多要素集成方式的施工项目成本运行模型

施工项目成本是一个"变量",其大小必然会受施工过程中一系列变动因素的影响。所谓施工项目成本运行,是指在施工过程中构成施工项目成本的各项生产性费用的运行,包括费用支出的起因、发生和定量核算,以及在发生这些费用时受相关变动因素的影响等。研究施工项目成本运行的目的,就是要揭示施工项目成本受相关因素影响发生变化的规律性,以便于采取相应的方法对构成施工项目成本的各项生产性费用进行有效的计划和控制。

一个不争的事实是,施工项目成本客观地会受诸如项目范围、施工方法、资源选择以及施工进度等相关因素的影响,这些因素的状态又取决于施工过程中相关职能环节做出的一系列决定。据此,作为一种描述施工项目成本运行的表达体系,本课程提出的基于多要素集成方式的施工项目成本运行模型,是一种将施工过程中相关决策环节对施工项目成本的影响关联起来,描述各个职能岗位的决策环节与生产性费用相关性的模型。模型的构建包括四方面内容:首先,根据施工过程中生产性耗费的特点,将施工项目成本分解开来,提出施工项目成本的费用结构模型;其次,研究基于不同耗费特点的成本项目的费用计算方法;第三,研究决定费用大小的"量"和"价"指标及其与决策环节的相关性;最后,提出基于集成管理方式的施工项目成本运行模型。

基于本课程提出的施工项目成本运行模型,能够建立基于集成管理模式的施工项目成本计划和控制系统,将影响施工项目成本的相关决策环节关联起来,通过基于相关职能岗位协同工作的施工项目成本全面计划和基于动态监测的施工项目成本全过程控制,建立并维持施工项目成本和相关控制目标之间的协调性,真正实现基于协同决策的施工项目成本全面计划和贯穿于施工全过程的成本控制。

1.5.2 提出了基于集成管理模式的施工项目成本计划、执行和控制一般原理

施工项目成本管理作为施工项目管理的重要职能之一,是从满足成本费用最小化要求的角度,对施工过程进行的计划、执行和控制。

◇ 计划——确定成本目标并设计实现目标的有效方案
◇ 执行——组织必要的资源实施计划
◇ 控制——通过对执行过程实施监测,评估计划执行状况,必要时采取包括技术、经济、组织和合同在内的整改措施

基于对施工项目成本运行的不同认识,必将会产生不同的理论来指导施工项

目成本计划、执行和控制实践。采用本课程提出的施工项目成本运行模型,其必然的逻辑结果是避免传统的"就成本论成本"的工作模式,采用将影响施工项目成本的相关职能环节关联起来进行施工项目成本计划、执行和控制的集成管理模式。

基于集成管理模式的施工项目成本计划、执行和控制一般原理的主要特点是:

首先,就计划过程而言,强调确定成本目标与拟定施工方案之间的循环互动。施工项目成本目标的确定,必须基于针对项目范围、施工方法、进度安排、资源选择等相关职能环节做出的决定,只有在相关职能环节通过决策拟定施工方案基础上,才能据此确定相应的成本目标,反过来,将所确定的成本目标作为评价标准,也会对其他职能环节所做的决定产生影响,通过与相关职能环节之间的互动,实现综合优化。

其次,就执行过程而言,认识到除了施工项目管理中的执行之外不存在专门针对施工项目成本管理的执行。组织必要的施工资源形成实施计划所需的施工能力,并通过领导工作动员组织单元按计划完成相应的施工任务,这本身就是施工项目管理的重要工作,施工项目成本管理更侧重于拟定成本目标和监测计划的实施效果,并将监测结果反馈给其他职能环节的管理者,以便其采取措施更好地执行。

第三,就控制过程而言,强调主要任务是给相关职能岗位的管理者提供决策支持信息以帮助其开展整改工作。施工项目成本管理的控制过程更侧重于对成本计划的执行效果实施监测和评估计划执行状况等信息管理工作,并据此通过信息反馈机制支持其他职能环节的管理者采取包括技术、经济、组织和合同等在内的措施对施工过程进行整改。

通过上面的分析可以看出,作为施工项目管理的重要职能之一,施工项目成本管理过程更侧重于对计划、执行和控制过程中相关成本信息的收集和处理,并通过反馈机制影响其他职能环节的行动。如果将执行过程排除在外,那么,施工项目成本管理过程,主要是为了实现成本最小化,而对施工过程进行的计划和控制。考虑到施工过程一般会因受到干扰因素的影响而发生变更,所以,还必须根据变化了的条件将计划和控制工作贯穿于施工全过程。

1.5.3 提出了基于协同工作的施工项目成本全面计划方法

施工项目的造价计价、进度计划和成本计划之间,客观存在相互制约、互为因果的系统联系,共同影响计划目标,据此,基于协同工作的施工项目成本全面计划方法,强调将造价计价、进度管理和成本管理等三个职能岗位的计划工作关联起来,引入信息协同机制,一方面完成各自的计划工作,另一方面实现三项计划之间的综合平衡。

1) 造价计价

造价计价是在准确界定施工项目承包范围的基础上,通过对施工过程能够达到的生产率、各种生产要素预期价格、必须分摊的管理费、期望利润以及必须缴纳的规费和税金等因素的判断,计算并形成对应于施工合同的承包工程造价的过程。

依据——施工合同定义的施工任务、承包施工的权利和义务、工程量清单计价规范、计价定额、拟定的施工方案、生产要素现行价格等。

技术方法——根据工程量清单计价规范和计价定额建立适用于造价计价的工作分解结构的技术、工程计量方法、定额计价和费率计价的技术方法等。

结果——经准确界定的承包范围(清单工程量和定额工程量)和相应的承包工程造价。

2) 进度计划

进度计划过程主要是在经造价计价过程准确定义施工项目承包范围的基础上,深化拟定施工方案,并据此定义项目范围,通过对施工项目的实施进度和资源配置的选择、权衡和做出决定,最终形成带时间限制的施工活动清单及相应资源和材料需求直方图的过程。

依据——被定义的承包范围、拟定的施工方案、施工现场条件、能够获取的施工资源及相应的生产能力等。

技术方法——建立对应于施工过程的工作分解结构的技术方法、施工组织技术、网络计划技术等。

结果——带时间限制的施工活动清单及相应的资源和材料需求直方图。

3) 成本计划

成本计划是在经进度计划确定施工项目对资源和材料需求的基础上,结合资源和材料的价格,对组成施工项目成本的各项费用进行预测、计算和权衡,并按不同责任单位加以汇总,最终形成基于进度计划的施工项目计划成本指标体系的过程。

依据——既定的进度计划、获取施工资源的方式、采购资源和材料的合同条件、价格核算体制、既定价格核算体制下的价格水平等。

技术方法——基于进度计划的施工项目成本估算和决策方法,包括单价估算法和作业估算法等。

结果——施工项目计划成本指标体系,包括计划成本绝对指标和计划成本相对指标的成本汇总、成本项目和相应的"量"和"价"明细。

1.5.4 提出了基于动态监测的施工项目成本全过程控制方法

一般地讲,控制是为了确保目标处于受控状态而对过程采取的行动。相应地,施工项目成本控制是为了确保施工项目成本处于受控状态而对施工过程采取的整改行动,整改的实施主体包括相关的职能岗位,为了确保整改的正确性,必须对施工过程进行全方位的动态监测,以便给相关职能岗位的管理者提供决策支持。据此,基于动态监测的施工项目成本全过程控制方法,强调必须通过动态监测实时掌握施工项目的整体状况,包括是否出现偏差、引起偏差的原因,以及这种偏差对后续施工产生的影响等,据此给相关职能岗位的管理者提供选择有效措施加以整改的决策支持。

1) 监测过程

监测过程是对施工过程进行的监控和测量。测量指标主要包括控制期内完成施工任务的实物工程量、使用资源和消耗材料的数量、相应的成本费用等。将测量指标值与同期计划要求进行对比分析,可以发现两者之间的差异。

依据——控制期内完成施工任务的实物工程量、施工资源进(退)场记录、实体材料供应和期末库存记录、资源和材料的实际价格、对应于上述内容的计划要求等。

技术方法——针对所完成实物工程量的检测、测量和统计方法,依据原始记录核算实际成本的会计和统计方法等。

结果——控制期内的实际进度、对应于实际进度的实际成本、对应于实际进度的计划成本、控制期内的成本差异、控制期末的成本动态差异。

2) 整改过程

整改过程是为了维持施工项目造价、进度和成本之间的平衡关系,针对施工过程出现的差异以及引起差异的原因,采取措施予以纠正的管理过程。

依据——所发现的执行差异以及引起这种差异的原因等。

技术方法——适用于纠正差异的技术、经济、组织和管理方法等。

结果——纠正后的施工过程或调整后的针对控制期末未完工程的计划。

1.5.5 基于集成管理模式的施工项目成本计划和控制方法的特点

相对于传统的施工项目成本计划和控制方法,基于集成管理模式的施工项目成本计划和控制方法,具有"全面性"和"动态性"两大特点,是一种跨部门的、动态的、支持综合决策的集成化信息处理过程。

1) 全面性

客观存在于施工项目成本管理与造价计价、进度管理、资源管理等管理职能之间的内在联系,决定了基于集成管理模式的施工项目成本计划和控制方法的第一个特点是将施工项目成本和造价、进度、资源等管理职能(要素)集成起来进行计划和控制:首先,通过全面计划拟定基于相关管理目标之间统筹平衡的成本最小化目标及其相应的实施方案;其次,随着变化了的主客观条件,通过动态控制维持这种平衡关系,据此支持成本费用最小化目标的实现。

2) 动态性

施工项目成本计划和控制的过程,虽然凭借其独立的依据、技术方法和独立的结果相对独立,但是,计划和控制之间通过它们的依据和结果相互联系,共同构成贯穿于施工项目全过程的管理循环。

1.6 本课程的主要内容

第1章 概述

主要讲述施工项目成本管理的本质内涵、现有施工项目成本管理系统存在的问题、本课程的主要目标和教学内容。通过本章学习,达到以下目标:第一,认识到降低施工项目成本的主要途径是改善施工技术和组织方法;第二,认识到施工项目成本管理的主要任务是给相关职能岗位提供决策支持;第三,了解本课程的目标和内容安排。

第2章 施工项目及其成本运行

主要讲述施工项目的基本概念、施工项目的系统结构、施工项目成本分解结构、施工项目成本运行的一般规律。通过本章学习,达到以下目标:第一,掌握从系统学角度认识施工项目的思维方式;第二,了解基于耗费特征的施工项目成本分解结构的一般模式;第三,了解施工项目成本运行的一般规律。

第3章 施工项目成本计划和控制指标体系

主要讲述基于集成管理模式的施工项目成本计划和控制工作对管理信息的要求、符合全面和全过程动态管理要求的施工项目成本计划和控制指标体系的基本框架、具体指标的测量和计算方法。通过本章的学习,达到以下目标:第一,了解施工项目成本计划和控制工作对决策支持信息的要求;第二,掌握施工项目成本计划和控制指标体系的基本框架;第三,掌握具体指标的测量和计算方法。

第4章 施工项目成本计划

主要讲述基于集成管理模式的施工项目成本计划的工作原理、相关职能岗位之间信息交互的内容、主要职能岗位的计划方法。通过本章的学习,达到以下目标:第一,了解施工项目成本计划工作的一般原理;第二,掌握相关职能岗位的计划工作方法;第三,掌握成本估算方法。

第5章 施工项目成本控制

控制是依据监测结果对过程采取的行动,为了确保造价、进度、资源和成本之间的平衡性,首先必须通过计划建立这种平衡,其次必须通过控制使这种平衡得以维持。本章主要讲述施工项目成本控制的基本方法。通过本章的学习,达到以下目标:第一,掌握施工项目监测方法;第二,掌握评审项目状态的工作方法;第三,掌握变更控制程序;第四,了解重新计划的策略。

第6章 施工项目成本计划和控制计算机辅助决策系统

主要讲述基于集成管理模式的施工项目成本计划和控制计算机辅助系统的主要功能、相关的系统设计原理、施工项目成本计划和控制计算机辅助系统的应用。通过本章的学习,达到以下目标:第一,了解施工项目成本计划和控制计算机辅助系统的工作原理;第二,掌握施工项目成本计划和控制计算机辅助系统的应用方法。

1.7 工程示例

1.7.1 工程概况及施工条件

(1) 工程名称:某住宅建筑基础工程施工。

(2) 承包方式:包工包料。

(3) 工程概况:住宅建筑是混合结构,基础是钢筋混凝土条形基础;1—7轴22.4 m,A—D轴10.4 m;设计室外地坪标高-0.15 m,基础垫层底面标高-1.6 m;底层车库,层高2.2 m,标准层6层,层高2.8 m;屋顶主体坡瓦屋面,局部卷材防水层平屋面。

(4) 施工条件:地点位于某市新区,临城市道路,交通运输便利,施工用建筑材料、构配件等物资,均可直接运进工地;施工中所需电力、给水等也可直接从已有的电路和水网中引入;现场地形平坦,常年地下水位在地面2.5 m以下;土壤类别可考虑为三类土。

1.7.2 主要工序的施工技术方法

主要工序的施工技术方法是:采用人工挖土、机夯回填、人力车运土,土方场内运输按150 m计,不考虑施工现场外的土方运输;采用现场搅拌混凝土,模板采用组合钢模板及钢管支撑;采用机动翻斗车进行场内材料水平运输。

1.7.3 工程量

基于业主提供的招标工程量清单,某施工企业根据施工图纸、现场条件、所拟定的施工方案等资料,经计算分别确定了工程量清单中各清单项目包括的计价定额的实物工程量。

(1) 拟建工程分部分项工程量清单及包括的定额工程量见表1.1。

表1.1 分部分项工程量清单及包括的定额工程量

序号	清单项目编号、名称(特征)	工程量	定额编号、名称	工程量
1	010101001001 平整场地(三类土)	241.8 m²	1-98 平整场地	390 m²
2	010101003001 挖基础土方(三类土、条基、垫层底宽1.3～2.7 m,挖土深度1.45 m,土方运输150 m)	341.8 m³	1-23 人工挖基槽	414.6 m³
			1-92 人力车运土50 m	414.6 m³
			1-95×2 人力车运土加100 m	414.6 m³
3	010401006001 垫层(C10、现拌混凝土碎石5～40 mm)	23.5 m³	2-120 混凝土垫层	28.5 m³
			1-100 基底原土打底夯	28.51 m²
4	010401001001 钢筋混凝土条基(C20、现拌混凝土碎石5～40 mm)	58.6 m³	5-2 C20无梁式混凝土条基	58.6 m³
5	010301001001 砖基础(标准砖条基、深1.0～1.2 m、M10水泥砂浆)	30.6 m³	3-1 标准砖直形条基	30.6 m³
6	010403004001 圈梁(地圈梁、240 mm×300 mm、C20、现拌混凝土碎石5～20 mm)	9.7 m³	5-20 C20混凝土地圈梁	9.7 m³
7	010402001001 矩形柱(构造柱、240 mm×240 mm、C20、混凝土碎石5～20 mm)	1.4 m³	5-16 C20混凝土构造柱	1.4 m³
8	010103001001 回填土(基槽回填、三类土、夯填、运土150 m)	253.4 m³	1-1 挖一类土	326.2 m³
			1-104 基槽回填(夯填)	326.2 m³
			1-92 人力车运土50 m	326.2 m³
			1-95×2 人力车运土加100 m	326.2 m³
9	010416001001 现浇混凝土钢筋(12 mm内一、二级钢筋)	1.4 t	4-1 12 mm内钢筋	1.4 t
10	010416001002 现浇混凝土钢筋(25 mm内一、二级钢筋)	3.2 t	4-2 25 mm内钢筋	3.3 t

(2)拟建工程措施项目清单及包括的定额工程量见表1.2。

表1.2 措施项目清单及包括的定额工程量

序号	措施项目名称和计价定额	单位	工程量
1	拟建工程钢筋混凝土模板 20-2 无梁式条基组合钢模板 20-30 构造柱组合钢模板 20-40 圈梁组合钢模板	10 m² 10 m² 10 m²	4.3 1.6 8.1

1.7.4 中标情况

某施工企业根据上述条件编制工程量清单计价文件(见表1.3～表1.8),通过投标竞争最终获得了该住宅建筑基础工程的施工合同。

表 1.3 单位工程费用汇总表

序号	汇总内容	金额(元)	其中:暂估价(元)
1	分部分项工程	143 126.62	
1.1	A.1 土(石)方工程	69 163.53	
1.2	A.3 砌筑工程	10 967.35	
1.3	A.4 混凝土及钢筋混凝土工程	62 995.74	
2	措施项目	19 525.59	
2.1	安全文明施工费	5 295.68	
3	其他项目		
3.1	暂列金额		
3.2	专业工程暂估价		
3.3	计日工		
3.4	总承包服务费		
4	规费	6 164.52	
5	税金	5 815.74	
6	小计=1+2+3+4+5	174 632.47	
	建设工程招标价调整系数(0.0)		
7	招标控制价=小计×(1-调整系数)	174 632.47	

表 1.4 分部分项工程量清单计价表

序号	项目编码	项目名称	项目特征描述	计量单位	工程量	金额(元)		
						综合单价	合价	暂估价
	A.1	A.1 土(石)方工程						
1	010101001001	平整场地	1.土壤类别:三类土 2.无 3.取土运距:无	m²	241.8	11.82	2 858.08	
2	010101003001	挖基础土方	1.土壤类别:三类土 2.基础类型:条基 3.垫层底宽:1.3~2.7 m 4.挖土深度:1.45 m 5.弃土运距:150 m	m³	341.8	111.23	38 018.41	
3	010103001001	土石方回填	1.土质要求:三类土 2.密实度要求:夯填 3.运输距离:150 m	m³	253.4	111.63	28 287.04	
	A.3	A.3 砌筑工程						
4	010301001001	砖基础	1.砖品种:标准砖 2.基础类型:条基 3.砂浆强度等级:M10水泥砂浆	m³	30.6	358.41	10 967.35	

续表1.4

序号	项目编码	项目名称	项目特征描述	计量单位	工程量	金额(元)		
						综合单价	合价	暂估价
	A.4	A.4 混凝土及钢筋混凝土工程						
5	010401006001	垫层	1. 混凝土强度等级：C10 2. 混凝土拌和料要求：5～40 mm	m³	23.5	413.68	9 721.48	
6	010401001001	带形基础	1. 混凝土强度等级：C20 2. 混凝土拌和料要求：5～40 mm	m³	58.6	368.19	21 575.93	
7	010403004001	圈梁	1. 梁底标高：地圈梁 2. 梁截面：240 mm×300 mm 3. 混凝土强度等级：C20 4. 混凝土拌和料要求：5～20 mm	m³	9.7	525.84	5 100.65	
8	010402001001	矩形柱	1. 柱截面尺寸：构造柱204 mm×204 mm 2. 混凝土强度等级：C20 3. 混凝土拌和料要求：5～20 mm	m³	1.4	705.74	988.04	
9	010416001001	现浇混凝土钢筋	1. 钢筋种类：12内普通钢筋	t	1.4	6 138.02	8 593.23	
10	010416001002	现浇混凝土钢筋	1. 钢筋种类：12-25内普通钢筋	t	3.2	5 317.63	17 016.42	
		合　　计					143 126.63	

表1.5 分部分项工程量清单综合单价分析表示意

项目编码	010301001001	项目名称	砖基础					计量单位				m³
清单综合单价组成明细												
定额编号	定额名称		定额单位	数量	单价					合价			
					人工费	材料费	机械费	管理费	利润	人工费	材料费	机械费	管理费	利润
3-1(1)	M10水泥砂浆砖基础\直形		m³	1	114	198.84	2.47	29.12	13.98	114	198.84	2.47	29.12	13.98
综合人工工日			小　计							114	198.84	2.47	29.12	13.98
1.14工日			未计价材料费											
清单项目综合单价										358.41				

续表 1.5

材料费明细	主要材料名称、规格、型号	单位	数量	单价(元)	合价(元)	暂估单价(元)	暂估合价(元)
	标准砖 240 mm×115 mm×59 mm	百块	5.22	30	156.6		
	水	m³	0.245	2.0	0.49		
	中砂	t	0.389 6	60	23.38		
	水泥 32.5 级	kg	61.23	0.3	18.37		
	其他材料费						
	材料费小计				198.84		

表 1.6(1)　措施项目清单计价表(1)

序号	项目名称	计算基础	费率(%)	金额(元)
	通用措施项目			
1	现场安全文明施工	1.1+1.2+1.3		5 295.69
1.1	基本费	分部分项工程费	2.2	3 148.79
1.2	考评费	分部分项工程费	1.1	1 574.39
1.3	奖励费	分部分项工程费	0.4	572.51
2	夜间施工	分部分项工程费	0.08	114.5
3	二次搬运费	分部分项工程费	1	1 431.27
4	冬雨季施工	分部分项工程费	0.18	257.63
5	已完工程及设备保护	分部分项工程费	0.05	71.56
6	临时设施	分部分项工程费	2	2 862.53
7	材料与设备检验试验	分部分项工程费	0.2	286.25
8	赶工措施	分部分项工程费		
9	工程按质论价	分部分项工程费	1	1 431.27
	专业工程措施项目			
	合　计			11 750.7

表 1.6(2)　措施项目清单计价表(2)

序号	项目名称	金额(元)
	通用措施项目	
1	大型机械设备进出场及安拆	
2	施工排水	
3	施工降水	
4	地上、地下设施，建筑物的临时保护设施	
5	特殊条件下施工增加	
	专业工程措施项目	
6	混凝土、钢筋混凝土模板及支架	7 774.89
7	脚手架	
8	垂直运输机械	
	合　计	7 774.89

表 1.7 措施项目清单单价分析表示意

项目编码	6	项目名称	混凝土、钢筋混凝土模板及支架				计量单位			1项		
措施费用组成明细												
定额编号	定额名称	定额单位	数量	单价					合价			
				人工费	材料费	机械费	管理费	利润	人工费	材料费	机械费	管理费	利润
20-2	现浇构件模板\无梁式带形基础\组合钢模板	10 m²	4.3	291	111.04	7.53	74.63	35.82	1 251.3	477.47	32.38	320.91	154.03
20-30	现浇构件模板\构造柱\组合钢模板	10 m²	1.6	502	85.66	9.39	127.85	61.37	803.2	137.06	15.02	204.56	98.19
20-40	现浇构件模板\圈梁、地坑支撑梁\组织钢模板	10 m²	8.1	307	93.62	10.42	79.36	38.09	2 486.7	758.32	84.4	642.82	308.53
综合人工工日		小 计							4 541.2	1 372.35	131.81	1 168.20	530.79
45.412 工日		未计价材料费											
清单项目综合单价									7 774.89			

	主要材料名称、规格、型号	单位	数量	单价(元)	合价(元)	暂估单价(元)	暂估合价(元)
材料费明细	周转木材	m³	0.412 4	1 600	659.84		
	钢支撑(钢管)	kg	21.728	5	108.64		
	镀锌铁丝 22#	kg	0.975	4.5	4.39		
	零星卡具	kg	11.998	5	59.99		
	铁钉	kg	4.29	3.6	15.44		
	组合钢模板	kg	76.152	5	380.76		
	回库修理、保养费	元	29.772	1	29.77		
	其他材料费	元	114.02	1	114.02		
	其他材料费						
	材料费小计				1 372.85		

表 1.8 主要材料价格表

序号	材料编号	材料名称(规格、型号等要求)	单位	数量	单价	合价(元)
1	201008	标准砖 240 mm×115 mm×53 mm	百块	159.732	30	4 791.96
2	502018	钢筋(综合)	t	4.692	4 200	19 706.4
3	101022	中砂	t	81.019	60	4 861.14
4	102041	碎石 5~20 mm	t	14.233	70	996.31

续表 1.8

序号	材料编号	材料名称(规格、型号等要求)	单位	数量	单价	合价(元)
5	102042	碎石 5～40 mm	t	110.024	70	7 701.68
6	301023	水泥 32.5 级	kg	32 156.169	0.3	9 646.85
7	504098	钢支撑(钢管)	kg	21.728	5	108.64
8	511366	零星卡具	kg	11.998	5	59.99
9	513287	组合钢模板	kg	76.152	5	380.76
		合　　计				48 253.73

1.7.5　如何开展施工项目成本计划和控制

施工企业获得了该住宅建筑基础工程的施工合同,接下来是组织施工,施工过程中如何实施全面、全过程且动态的施工项目成本计划和控制?本课程将以此为主线,首先讨论施工项目的系统结构并据此分析施工项目成本运行的一般规律,其次讨论基于集成管理模式的施工项目成本计划和控制指标体系,第三是施工项目成本计划的编制方法,第四是施工项目成本控制方法,最后概略地介绍施工项目成本控制计算机辅助系统。

本章小结

本章概述了施工项目成本管理的本质内涵、现有施工项目成本管理系统存在的问题、本课程的主要目标和教学内容。

本章的重点是了解本课程的主要目标和教学内容、掌握基于集成管理模式的施工项目成本计划和控制的工作原理。

习　题

1-1　单选题

1. 业主方的工程项目成本一般被称为工程造价,主要是发生在其(　　)过程中的全部一次性费用。

　　A. 项目采购　　　　B. 项目施工　　　C. 项目设计　　　D. 项目管理

2. 施工方的工程项目成本一般被称为施工项目成本,是发生在承包工程(　　)中的生产性费用。

　　A. 项目采购　　　　B. 施工过程　　　C. 经营管理　　　D. 项目管理

3. 工程项目成本管理是为实现成本最小化而对（　　）进行的计划、执行和控制，其中，实现成本最小化是管理目标，针对项目过程进行的计划、执行和控制是为了实现管理目标必须经历的管理环节。

A. 项目成本　　　B. 项目过程　　　C. 项目要素　　　D. 项目主体

4. 施工项目成本管理方法，除了成本计划、监测和分析等（　　）方法外，主要集中在针对施工过程的整改措施方面，包括技术方法、经济方法、组织方法和合同方法等。

A. 成本管理　　　B. 项目管理　　　C. 要素管理　　　D. 信息管理

5. 作为一种用于描述施工项目成本运行规律的表达体系，基于多要素集成方式的施工项目成本运行模型，是一种将施工过程中相关（　　）对施工项目成本的影响关联起来描述各个职能岗位做出的决策与生产性费用相关性的模型。

A. 施工环节　　　　　　　　B. 计划环节
C. 决策环节　　　　　　　　D. 控制环节

1-2 填空题

1. 业主方工程项目成本一般由建筑安装工程费、设备及工器具购置费、工程建设其他费用等费用项目组成，其中，建筑安装工程费是业主采购施工企业的施工劳务为其完成指定工程的施工任务，按施工合同约定，必须支付给施工企业的劳务报酬，是一种（　　　　）。

2. 施工过程中，因占用了（　　　　）的工作时间、消耗了建筑材料以及使用了分包商，按采购（或雇用）协议必须由项目经理部支付的费用，就是施工方的工程项目成本。

3. 业主方降低工程项目成本的途径，主要是合理的项目定义、严密的采购安排、科学的造价计价等。对应于降低成本的有效途径，业主方工程项目成本管理的侧重面，主要集中在通过制定（　　　　　　）并据此规范项目组织机构和个人的业务行为等方面。

4. 施工项目成本的大小，必然会受施工合同规定的承包范围、拟定的施工方案、拟定的采购方案、基于资源选择的进度安排、施工企业规定的经济核算体制、施工过程中实施主体的行为状态等因素的影响，因此，施工方降低施工项目成本的途径，主要集中在不断地改善（　　　　　　　　　　）等方面，据此提高施工生产效率。

5. 工程产品的单件性导致了施工过程的一次性，因此，被制造业广泛使用并证明有效的（　　　　　）并不能直接用于指导施工项目成本管理实践。

1-3 简述题

1. 简述业主方降低工程项目成本的主要途径、管理的侧重面以及适用的管理方法。
2. 简述施工方降低施工项目成本的主要途径、管理的侧重面以及适用的管理方法。
3. 简述基于多要素集成方式的施工项目成本运行模型的主要内容。
4. 简述基于集成管理模式的施工项目成本计划、执行和控制一般原理。

1-4 思考题

通过实地调研,了解我国施工企业目前使用的施工项目成本管理系统,并以研究报告的形式,分析存在的问题并提出解决方案。

第 2 章　施工项目及其成本运行

教学目标

主要讲述施工项目的基本概念、施工项目的系统结构、施工项目成本分解结构、施工项目成本运行的一般规律。通过本章学习，达到以下目标：
(1) 掌握从系统学角度认识施工项目的思维方式；
(2) 了解基于耗费特征的施工项目成本分解结构的一般模式；
(3) 了解施工项目成本运行的一般规律。

教学要求

知识要点	能力要求	相关知识
施工项目及其系统结构	(1) 掌握施工项目工作分解结构的一般模式； (2) 掌握施工项目物资保障体系的一般模式； (3) 掌握施工项目工作分解结构和物资保障体系之间的系统关系	(1) 施工项目是施工企业履行施工合同的一次性过程； (2) 施工合同是基于承发包体制的特殊的合同，由施工合同定义的施工任务，包括需要交付的工程产品和需要开展的施工行为两层含义； (3) 施工企业在定义项目范围时必须发挥主观能动性
施工项目成本分解结构	(1) 掌握从施工耗费角度划分施工费用的方法； (2) 掌握施工项目成本分解结构的一般模式	(1) 基于不同的耗费性质，可以将施工项目成本划分为分包工程费、实体材料费和现场施工费等费用项目； (2) 分包工程费是施工项目经理部支付给分包商的费用； (3) 实体材料费是用于采购施工过程中消耗的实体材料的费用； (4) 现场施工费是指为了形成自行施工能力，施工过程中占用了施工资源的工作时间，按采购协议必须由施工项目经理部支付的费用
施工项目成本运行	(1) 掌握决定成本项目大小的"量"和"价"指标及其费用计算方法； (2) 了解施工决策对"量"产生的影响； (3) 了解施工决策对"价"产生的影响； (4) 掌握施工项目成本运行的一般模式	(1) 施工项目成本的大小取决于"量"和"价"两种指标，其中"量"的指标特指施工耗费，"价"的指标是指对应于"量"的单位费用； (2) 由于耗费性质不同，所以，决定不同费用项目大小的"量"和"价"指标的含义和费用计算方法是不同的； (3) 施工过程中相关职能岗位做出的不同决策，均会影响"量"和"价"指标的大小，进而影响施工项目成本的大小

基本概念

施工项目、施工项目系统结构、施工项目工作分解结构、施工项目物资保障体系、施工过程、施工项目成本、施工项目成本分解结构、施工项目成本运行。

引 例

施工项目作为施工企业履行施工合同的一次性过程,从系统结构的角度看,一般由工作分解结构和物资保障体系两个子系统构成。工作分解结构作为一种行为子系统,是完成施工任务所需开展的施工活动的集合,物资保障体系作为施工活动的实施主体和作业对象,通常由施工资源、分包商和材料供应单位等按一定的层次结构集合而成。构成施工项目的两个子系统之间一般是一种矩阵关系。为了获得和维持履行施工合同所需的施工能力,施工企业必须自行采购包括生产工人、管理人员、机械设备以及周转材料等在内的施工资源,并委托分包商完成部分施工任务,施工过程还需消耗大量建筑材料。施工过程中需要使用的由施工企业(或授权施工项目经理部)自行采购、使用和管理的施工资源、使用的分包商和消耗的建筑材料等共同构成了施工过程的生产性耗费。如图2.1所示,作为发生在施工过程中的全部生产性费用,根据施工过程中耗费的不同特点,可将施工项目成本分解成分包工程费、实体材料费和现场施工费等费用项目。施工项目成本的大小,主要取决于"量"和"价"两种指标,其中"量"的指标一般表示施工过程中的生产性耗费,"价"的指标是对应于"量"的单位费用。耗费性质不同,则决定费用项目大小的"量"和"价"指标的含义和费用计算方法是不同的,同时,施工过程中相关职能岗位做出的不同决定,均会影响"量"和"价"指标的大小,进而影响施工项目成本的水平。

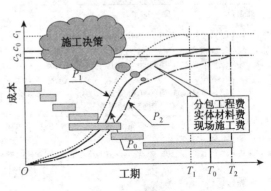

图 2.1 施工项目成本运行示意图

2.1 对施工项目的系统描述

所谓对施工项目的系统描述,是指从系统学的角度,去认识和分析施工项目,包括定义施工项目的概念、分析施工项目的系统构成及其相互关系。正确认识施工项目是研究其成本运行规律、建立合理的成本管理观念并据此研究相应计划和控制方法的基础。

2.1.1 施工项目的基本概念

施工项目是施工企业履行施工合同的一次性过程。作为一种特殊的"项目"类型,施工项目除了具备"项目"的一般属性外,还具有如下两方面的特点:
◇ 以营利为目的
◇ 项目范围取决于施工合同和施工方案

1) 以盈利为目的

施工企业是一种以营利为目的的经济组织,企业的利润主要是依靠对外承包施工获得的,所以,施工企业履行施工合同的主要目的是为了营利。为了实现利润最大化,施工企业首先需准确地估算承包工程造价,以便能做出有竞争力的报价并据此获取合理的营业性收入;其次需精心地控制施工项目成本,以便尽量地降低施工过程中直接的费用支出。对比业主的工程项目,作为业主投资过程的一个重要环节,工程项目是其将资金转化成资产的一次性过程,这个过程纯粹是资金投入的过程,只有当资产被建造出来后,才能凭借资产的生产能力或某种效用,通过生产经营或资产营运来实现受益。所以,相对于业主的工程项目,施工项目的第一个特点是以营利为目的。

2) 项目范围取决于施工合同和施工方案

项目范围是项目管理知识体系中用于描述一个项目所包括的活动内容的特定概念,定义项目范围是工程项目管理的重要职能之一。业主的工程项目管理,其定义项目范围的主要依据是投资的需要。就施工企业而言,全面地履行施工合同是其获取承包工程造价的前提条件,所以,必须根据施工合同的要求来定义施工项目的范围。施工合同是一种基于承发包体制的特殊的合同,由这种合同定义的施工任务,在合同清结期间,可以被理解为施工企业必须向业主交付的符合其质量要求的工程产品,是一种生产性成果,在合同履行期间,又可被理解为施工企业为交付工程产品必须开展的施工活动,是一种工作性行为。通常情况是,施工合同对所要求的生产性成果的描述明确而且具体,但是,并没有对所需开展的工作性行为的具体内容进行直接描述。施工合同的特殊性,决定了施工企业在定义施工项目范围时,不仅要依据施工合同规定的承包范围和质量标准,而且要基于施工企业为履行施工合同拟定的施工方案。

(1) 承包范围和质量标准

承包范围是施工合同对有关可交付成果以及在形成这些成果时施工企业必须承担经济责任的描述;质量标准是施工合同对可交付成果的功能、品质、可靠性等质量指标以及为达到这些质量指标施工企业必须遵守的行为规范的描述。可交付成果的具体内容和相应的质量指标主要来源于施工合同包括的技术性文件,诸如对工程的一般性描述、设计文件和施工图纸、工程量清单以及技术规范等;施工企业必须承担的经济责任以及必须遵守的行为规范则主要来源于施工合同包括的合同条款,如有关权利义务类、管理类和技术类条款等。施工企业必须按施工合同规定的承包范围和质量标准完成全部施工任务,所以,施工合同有关承包范围和质量标准的约定,是施工企业定义施工项目范围的基础。

(2) 施工方案

承包范围和质量标准只是施工企业定义施工项目范围的基础,施工过程中选择何种技术方法和组织措施,同样会影响施工项目范围的大小。施工方案作为规定施工过程中采用技术方法和组织措施的纲领性文件,将对施工过程需要开展哪些施工活动以及怎样开展这些施工活动产生影响。施工方案的拟订过程,正是为了在保证质量的前提下完成合同任务而选择施工技术和组织措施的过程,除了需遵循施工技术和组织规律外,还必须受资源可获得性、合同工期和成本费用最小化要求的约束。

(3) 资源可获得性、合同工期和成本费用最小化要求

所谓施工资源,是施工企业配置在施工现场的生产工人、施工机械、周转材料、管理人员和分包商等,施工企业在拟定施工方案时,除了需遵循施工技术和组织规律外,还必须受资源可获得性、合同工期和成本费用最小化要求的约束。

① 资源可获得性:施工资源是施工项目的实施主体,通常由施工企业根据完成施工任务的技术要求进行选择和使用。针对同一个施工项目,选择和使用施工资源的方案可以多种多样,但施工企业只能在其可获得的范围内做出决定。

② 合同工期:合同工期是承包工程的施工期限,通常由业主在施工合同中规定。施工企业必须在合同规定的工期内完成全部施工任务,所以,合同工期是对施工过程在时间上的约束。

③ 成本费用最小化要求:作为发生在施工过程中的生产性耗费,成本费用的大小主要取决于施工项目所需使用资源和消耗材料的数量以及获取这些资源和材料的价格。虽然施工合同规定了由业主和施工企业共同协商确定的合同造价,但是从施工企业的角度出发,尽量降低施工过程中的生产性费用是其实现利润最大

化的重要途径。

综上所述,施工企业在定义施工项目范围时,如图 2.2 所示,必须依据施工合同文件中有关承包范围和质量标准的约定,结合资源可获得性、合同工期和成本费用最小化要求的约束,拟订合理的施工方案,发挥主观能动性,自行定义需要开展施工活动的具体内容。

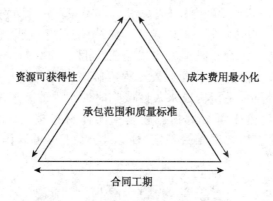

图 2.2 决定施工项目范围的主要因素

2.1.2 施工项目的系统结构

系统结构是指系统的构成及其相互关系。施工项目作为施工企业履行施工合同的一次性过程,首先是由一系列相互联系的施工活动组合而成的,组成施工项目的施工活动及其相互关系,通常被称为施工项目的工作分解结构。工作分解结构中施工活动的实施主体,是装备在施工现场的包括生产工人、机械、周转材料、管理人员和分包商等在内的施工资源,只有当这些施工资源作用于建筑材料,才能通过施工活动完成施工任务。装备在施工现场的资源和材料及其相互关系,一般被称为施工项目的物资保障体系。施工项目可以被看成是一种基于物资保障体系的、通过实施工作分解结构中的施工活动最终完成施工合同所规定的施工任务的行为系统。

1) 施工项目工作分解结构的一般模式

施工项目工作分解结构是从项目活动的角度描述施工项目的系统构成及其相互关系的层次化树状结构,借助于工作分解结构,可以将复杂的施工过程分解成便于组织和管理的项目单元,反过来,通过对项目单元的界面分析,又可将其还原成动态有序的项目整体。

考察不同的施工项目可以发现,虽然施工项目工作分解结构的具体内容会因不同的工程对象以及不同的施工方法而存在很大差异,但是作为工程产品的生产过程，施工项目均可按产品生产的工艺要求分解成由复杂到简单的具有一定层次性的树状结构。如图2.3所示：首先，施工项目是完成合同任务需开展的全部施工活动的集合；其次，根据任务性质不同，可以将施工项目分解成实体性施工活动、措施性施工活动和现场管理工作等三类；第三，就实体性施工活动和措施性施工活动而言，又可按工程部位或结构类型进一步将其分解成一系列分部工程；第四，按施工工艺或构造要求不同，又可将分部工程进一步分解成一系列分项工程；第五，针对现场管理工作，可以按不同的职能环节将其分解成一系列职能管理工作。

值得注意的是，分项工程作为构成施工项目工作分解结构的基本活动单元，特点是通过施工活动能完成永久工程或临时设施的某项可交付物的施工任务。所谓可交付物，是指构成永久性或临时性工程的有形的、可单独检验和计量的生产成果。由于可交付物一般是由实体材料按一定的构造要求构成的，施工过程中材料消耗率相对稳定，所以，分项工程可以作为编制材料消耗定额的对象。

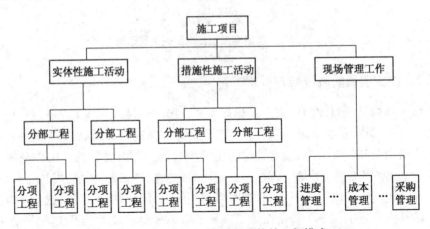

图 2.3 施工项目工作分解结构的一般模式

2) 施工项目物资保障体系的一般模式

作为施工活动的实施主体和作业对象，对应于施工项目工作分解结构的层次性，相应的物资保障体系必然是一种具有层次性的体系结构。处于体系结构中不同层次的资源组合，分别作用于不同的施工活动，才能形成完成合同任务所需的整体施工能力。作为施工作业的对象，对应于施工资源的层次性，施工现场的材料使用也必然具有相应的层次结构。虽然施工项目物资保障体系的具体内容会因不同的工程对象存在很大差异，但是，作为施工活动的实施主体和作业对象，基于普遍适用的施工技术和组织方法，不同施工项目的物资保障体系客观上存在共同的特征。如图2.4所示，按照目前施工企业的一般性做法，施工项目物资保障体系的一般模式为:首先,按不同的归属将物资保障体系中的资源和材料归类为项目内施工资源、分包商、管理类资源和实体材料等部分,其中,项目内施工资源、实体材料和管理类资源是指由总承包企业直接采购并配置在施工现场的物资保障,分包商作为总承包企业外购的施工能力,施工过程中需要的资源和材料通常由分包商负责采购、供应和使用;其次,归属于不同责任单位的资源均可被进一步分解成人工、施工机械和周转材料等,施工过程中需要的各种实体材料一般由相应的责任单位负责采购供应;最后,对应于施工项目工作分解结构的层次性,归属于不同责任单位的施工资源,均需按完成施工任务的工艺和组织要求,形成对应于施工活动的资源组合,不同的资源组合分别作用于相应的施工活动,才能顺利地完成施工任务。

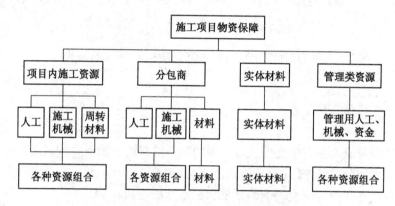

图 2.4 施工项目物资保障体系的一般模式

3) 施工过程

施工过程是指组织并动员物资保障体系中的施工资源形成施工能力,并将其作用于建筑材料,通过一系列施工活动最终完成施工合同定义的施工任务的过程。在施工过程中,施工项目工作分解结构作为施工活动和管理工作的集合,实施主体是配置在施工现场的施工资源,作业对象(客体)是建筑材料。如图 2.5 所示,施工过程中工作分解结构和物资保障体系之间是一种矩阵关系,如果将时间因素也考虑进来,则根据施工活动之间的技术和组织逻辑,通过计算可以确定不同施工活动在时间上的分布,施工活动在时间上的分布决定了项目进度,项目进度又是由施工现场的生产工人、管理人员、施工机械和周转材料等项目内施工资源推动的,施工过程还需委托分包商完成部分任务,并需消耗各种建筑材料。施工过程中需要使用的项目内施工资源、委托的分包商和消耗的建筑材料等共同构成了施工过程的生产性耗费。

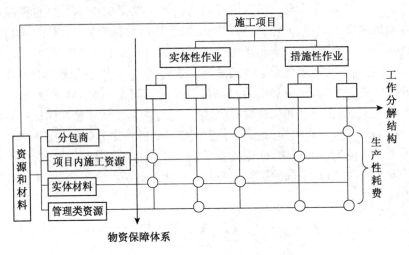

图 2.5　施工过程中工作分解结构和物资保障体系矩阵关系示意图

2.2　施工项目成本

施工项目成本是发生在施工过程中的生产性费用。如何将构成施工项目成本的生产性费用分解开来,并分别研究这些费用的运行规律,是建立合理的施工项目成本管理观念并据此研究相应的计划和控制方法的基础。

2.2.1　施工项目成本的基本概念

施工项目成本是施工企业以施工项目为成本核算对象,按制造成本法计算的发生在施工过程中的全部生产性费用,包括消耗建筑材料和构配件的费用、周转材料的损耗和租赁费用、施工机械的使用或租赁费、支付给生产工人的费用、支付给分包商的费用以及施工项目经理部为组织和管理施工过程所需发生的管理费用等。

所谓成本核算对象,是指在计算施工项目成本的过程中,确定归集和分配生产费用的具体对象,即生产费用承担的客体。所谓制造成本法,是一种只将与施工项目生产直接相关的费用计入施工项目成本,而将与施工项目生产没有直接关系但却与施工企业经营期间相关的费用作为期间成本,从当期收益中一笔冲减的成本计算和分配方法。

以施工项目为成本核算对象,将施工过程中发生的并且与施工生产直接相关的诸如人工、机械、材料、构配件、分包商等生产性费用归集起来,再加上施工项目经理部为组织和管理施工过程所需发生的现场管理费用,就构成了施工项目成本。

2.2.2 施工项目成本分解结构

出于不同的管理目的,用以划分施工项目成本的标准是不同的。基于传统会计理论的成本核算,出于会计核算的需要,将施工项目成本划分为直接成本和间接成本;基于标准成本控制理论的定额预算,出于造价计价的需要,将施工项目成本划分为直接工程费、措施费和管理费等。施工项目成本管理的目的是准确地估算和有效地控制施工项目成本,需要从便于成本估算和控制的角度出发,对发生在施工过程中的各项生产性费用进行合理分类。

回顾一下有关针对施工项目系统结构的论述可以发现,施工项目是施工企业为履行施工合同,组织生产工人、管理人员、机械、周转材料和分包商等资源形成施工能力,并将其作用于建筑材料,最终完成拟建工程施工任务的一次性过程。为了获得并维持施工能力,施工企业需自行采购施工资源并装备在施工现场,并委托分包商完成部分施工任务,施工过程还需消耗大量建筑材料。施工过程中需要使用的由施工企业(或授权施工项目经理部)自行采购、使用和管理的施工资源、使用的分包商和消耗的建筑材料等共同构成了施工过程的生产性耗费。作为发生在施工过程中的全部生产性费用,根据施工过程中生产性耗费的特点,现将施工项目成本分解成如图2.6所示的实体材料费、分包工程费、现场施工费等三大费用项目,其中,现场施工费又由项目内施工资源费和现场包干费构成。

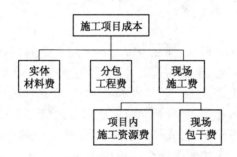

图 2.6 施工项目成本分解结构示意图

1) 实体材料费

实体材料是构成拟建工程(注:也包括临时工程)实体的材料,包括原材料、构(配)件等。实体材料的特点是随施工过程被同步地消耗掉。实体材料费是施工企业购置实体材料并送达施工现场过程中所需的花费。

2) 分包工程费

分包工程费是总承包企业采购分包商为其完成分包范围内的施工任务,按分包协议必须由施工项目经理部支付的费用。根据不同的分包内容,分包工程包括专业分包、劳务分包和介于两者之间等多种类型,其中,专业分包和劳务分包是两个极端,劳务分包只提供施工劳务,专业分包则对某类构件或工程部位进行双包施工。

3) 现场施工费

现场施工费是施工企业为了获得并维持现场施工和管理能力,在施工过程中自行采购和使用施工资源的花费,根据费用性质不同,又可进一步细分为项目内施工资源费和现场包干费两个部分。

(1) 项目内施工资源费

项目内施工资源是施工企业(或授权施工项目经理部)自行采购并配置在施工现场由施工项目经理部直接支配和使用的生产工人、施工机械和周转材料等。施工资源作为施工活动的实施主体,在施工过程中并没有被直接消耗掉。所谓项目内施工资源费,是指因施工过程占用了施工资源的工作时间,按采购协议必须由施工项目经理部支付的费用。

(2) 现场包干费

现场包干费是那些在施工过程中需要支出的、直接发生在现场管理工作过程中且难于采用"量"和"价"的形式计算的费用,一般用"包干"的形式下达给项目经理部使用。

2.3　施工项目成本运行

所谓施工项目成本运行,是指在施工过程中组成施工项目成本的各项生产性费用的运行,包括各项费用支出的起因、发生和定量核算,以及在发生这些费用时受相关变动因素的影响等。施工项目成本客观地会受诸如项目范围、施工方法、资源选择以及施工进度等相关因素的影响,这些因素的状态又取决于施工过程中相关职能环节做出的一系列决定。研究施工项目成本运行的目的,就是要分析施工项目成本受相关因素的影响发生变化的规律性。为此,基于已定义的施工项目成本分解结构的一般模式,首先讨论基于不同耗费特征的各成本项目的费用计算方法,其次讨论决定费用大小的"量"和"价"指标及其与决策环节的相关性,最后总结施工项目成本运行的一般规律。

2.3.1　决定成本项目大小的"量"和"价"指标及其计算

构成施工项目成本的各项费用,如公式(2-1)所示,其大小均取决于"量"和"价"两种指标。由于费用性质不同,所以,决定费用项目大小的"量"和"价"指标的含义及其计算方法也不相同。

$$施工项目成本 = \sum 量_i \times 价_i \qquad (2-1)$$

式中：量——用以反映施工项目对资源和材料需求的数量指标；
价——对应于"量"的单位费用。

1) 决定实体材料费的"量"和"价"指标及其计算

实体材料费的大小与施工项目的范围直接相关，项目范围越大，意味着项目包括的施工任务越多，相应地，需要通过施工活动完成的实物工程量越大，消耗的实体材料越多。如果按计价定额的计算规则计算分项工程实物工程量，基于一定的材料消耗率标准(注：实际工作中，可以借用计价定额中的材料消耗量标准，一般被称为材料消耗定额)，则决定实体材料费的"量"和"价"指标及其费用计算方法可用公式(2-2)示意。

$$实体材料费 = \sum 实物工程量_i \times 材料消耗定额_i \times 材料购置价格_i \qquad (2-2)$$

2) 决定分包工程费的"量"和"价"指标及其计算

分包工程包括专业分包、劳务分包和介于两者之间等多种类型，根据目前总、分包双方常用的结算方法，分包工程费的大小，主要取决于总承包企业发包给分包商施工的实物工程量和相应的单价。实际工作中，用以衡量施工项目对分包施工需求的"量"的指标形式一般是计价定额的实物工程量，对应于"量"的单位费用，分包工程的价格形式一般是分包单价。实物工程量的大小取决于施工项目的范围和所拟定的分包方案，分包单价则取决于分包商的报价。在确定分包施工的实物工程量和分包单价基础上，分包工程费的计算过程可用公式(2-3)示意。

$$分包工程费 = \sum 实物工程量_i \times 分包单价_i \qquad (2-3)$$

3) 决定项目内施工资源费的"量"和"价"指标及其计算

项目内施工资源是施工企业(或授权施工项目经理部)自行采购并装备在施工现场由施工项目经理部直接支配和使用的人工、机械和周转材料等。项目内施工资源费是因施工过程占用了施工资源的工作时间，按采购协议必须由施工项目经理部支付的费用。由于不同的项目进度需要不同的资源配置并决定着施工过程中资源的利用率，所以，计算项目内施工资源费时，不仅要依据项目范围，而且需结合进度计划。

(1) 人工费：目前我国施工企业针对内部工人的工资形式一般是"计件工资"和"计时工资"的混合体。计件人工费的大小取决于生产工人完成的实物工程量和计件工资标准，其费用计算方法与分包工程费相同。计时人工费的大小，如公式

(2-4)所示,主要取决于施工过程对生产工人的需求量和计时工资标准。其中,对生产工人的需求量又取决于进度计划规定的生产工人在施工过程中不同时期内的配置强度和配置时间,计时工资标准取决于企业的工资政策。

$$某种人工的计时人工费 = \sum 配置强度_i \times 配置时间_i \times 计时工资标准 \quad (2-4)$$

(2) 施工机械和周转材料费:虽然施工项目获得施工机械和周转材料的途径包括向外单位租用和企业内部调用两种,但是,考虑到施工企业拥有的施工机械和周转材料具有对外出租以获取租金收入的机会,所以,基于施工企业"二层分离"的核算体制,即便是使用本企业拥有的施工机械和周转材料,作为施工项目成本的组成部分,施工机械和周转材料费也应按租用的方式进行核算。采用租用方式核算时,如公式(2-5)和公式(2-6)所示,施工机械和周转材料费的大小主要取决于施工过程对施工机械和周转材料的需求量以及租赁单价,其中,施工机械和周转材料的需求量又取决于进度计划规定的配置强度和配置时间,租赁单价取决于供应商的报价。

$$某机械的租赁费 = \sum 配置强度_i \times 配置时间_i \times 机械租赁单价 \quad (2-5)$$

$$某周转材料的租赁费 = \sum 配置强度_i \times 配置时间_i \times 周转材料租赁单价 \quad (2-6)$$

4) 现场包干费的计算

现场包干费是在施工过程中需要支出的、很难用"量"和"价"指标进行计算且属于施工项目成本范畴的现场性费用。控制这些费用的方法,只能按需要列出明细,直接以费用的形式下达给项目经理部包干使用,并根据实际支出情况进行考核。

2.3.2 决策环节与施工项目成本的相关性

施工项目成本的大小取决于施工过程中"量"和"价"两种指标,决定成本费用大小的"量"和"价"的指标值,则主要受施工过程中相关职能岗位做出的决策的影响,研究不同决策环节与"量"和"价"指标的相关性,是揭示施工项目成本运行规律的基础。

1) 决策环节对"量"的影响

虽然施工企业的原则是"按图施工",但是,针对同一份施工图设计,施工企业可以选择不同的技术方法和组织措施开展施工作业,施工过程中相关职能岗位做出的不同决策,将直接影响施工项目对资源和材料的需求。

（1）范围定义：施工项目包括的施工任务，首先取决于为履行施工合同所需开展的施工活动。通常的情况是，施工合同并没有对施工企业必须开展哪些施工活动进行直接的描述。施工企业必须根据合同文件的有关约定，在拟定施工技术和组织方案基础上，自行定义施工项目需要开展施工活动的具体内容。施工活动的具体内容决定了施工过程对生产工人、施工机械和周转材料等施工资源的需求量、对分包商的需求量以及需要消耗实体材料的数量。

（2）确定开展施工活动的技术方法：针对同一项施工活动，可以采用多种技术方法进行施工，施工企业必须做出决定，通过选择施工活动的技术方法来规定施工活动的工艺和组织流程。不同的技术方法需要不同的施工资源，不同的资源需求又是施工人员选择和配置施工资源的客观依据。基于既定的资源配置，才能确定施工过程对资源的需求数量。

（3）选择适用的施工资源：根据施工活动的技术方法并结合施工资源的可获得性，选择具体的施工资源作为施工活动的实施主体。选择和配置不同的资源将形成不同的施工能力并决定着资源的利用率，相应地，会产生不同数量的资源需求和资源费用。

（4）进度计划的编制：编制施工项目进度计划的过程，主要是将施工项目包括的施工活动、施工活动采用的技术方法、技术方法所需的资源配置以及一定资源配置条件下能够达到的生产率等因素，融入对施工过程的网络分析中，依据能够达到的资源利用率或对资源需求的均衡性要求，通过选择、评估和决策，最终形成带时间限制的施工活动清单和相应资源及材料需求直方图的过程。根据来源于进度计划的资源和材料需求直方图，可以计算施工过程对资源和材料的需求量以及需求量在时间上的分布。

2）决策环节对"价"的影响

对应于资源和材料的需求指标，施工项目采用何种价格核算体制、何种采购模式以及基于既定采购模式的合同条件，这些决策环节均会影响资源和材料的价格水平，相应地，也会对施工项目成本产生影响。

（1）选择价格核算体制：施工企业采用何种价格核算体制来归集施工过程中发生的生产性费用，将直接决定成本责任在施工项目层和企业组织管理层之间的分配。不同的价格核算体制，决定了对应于"量"的单位费用，也就是用于核算施工项目成本的"价格"，所包括的费用因素不同。就相同的需求指标而言，其单位费用所包括的费用因素不同，则价格水平不同，相应地，属于施工项目成本的生产性费用不同。

（2）采购模式及合同条件的选择：选择不同的采购模式和合同条件，决定了施工项目获得施工资源和材料的方式不同，包括采购渠道、交易方式、供应商和分包商的选择、资金占用、风险分配等，这些决策环节均会影响资源和材料的价格水平，同样会对施工项目成本产生影响。

2.3.3 施工项目成本运行的一般模型

通过上述分析可以看出,施工项目成本运行作为一种施工过程中各种生产性费用的运行,其一般规律如图 2.7 所示,是一种基于相关职能岗位所做出决策的、贯穿于施工全过程的、对影响施工项目成本的"量"和"价"指标进行预测、权衡、计算和汇总的系统过程。

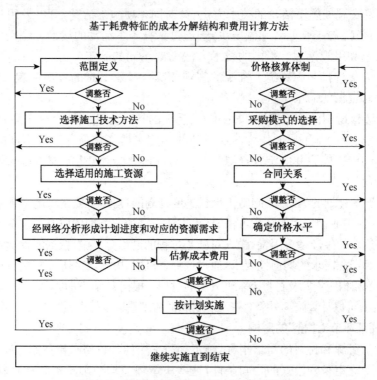

图 2.7 施工项目成本运行一般模型示意图

2.4 工程示例

2.4.1 住宅建筑基础工程工作分解结构的构建

接着第 1 章的工程实例,施工企业获得了住宅建筑基础工程的施工合同,接下来,围绕如何施工,施工项目经理部的相关人员开展协同工作,根据现有的施工条件及所拟定的主要工序施工技术方法,讨论了构建该住宅建筑基础工程工作分解结构的问题。

首先,通过施工总平面深化设计,得出了还需要通过现场施工砌筑工地围墙的结论,砌筑工地围墙的适用定额及相应的工程量见表2.1。

表2.1 施工现场临时设施定额工程量表

序号	对应于施工现场临时设施的计价定额	单位	工程量
1	3-44 围墙	m³	4.3

其次,根据投标文件中已明确的分部分项工程量清单和措施项目清单,通过深化施工技术和组织方案,构建了如表2.2所示的施工项目工作分解结构。

表2.2 施工项目工作分解结构表

序号	施工活动名称	包括任务的性质	对应的定额编号、名称	工程量
1	施工准备	现场临时设施	3-44 砌筑围墙	4.3 m³
2	挖运土方	拟建工程	1-23 人工挖基槽	414.6 m³
			1-92 人力车运土 50 m	414.6 m³
			1-95×2 人力车运土加 100 m	414.6 m³
3	浇注基础垫层	拟建工程	2-120 混凝土垫层	28.5 m³
			1-100 基底原土打底夯	28.5(10 m²)
4	钢筋和模板安装(钢筋混凝土条基)	拟建工程	4-1 12 mm 内钢筋	0.6 t
		拟建工程	4-2 25 mm 内钢筋	2.1 t
		拟建工程临时设施	20-2 无梁条基组合钢模板	4.310 m²
5	浇注钢筋混凝土条基	拟建工程	5-2 C20 无梁式混凝土条基	58.6 m³
6	砌筑砖基础	拟建工程	3-1 标准砖直形条基	30.6 m³
7	钢筋和模板安装(地圈梁和构造柱)	拟建工程	4-1 12 mm 内钢筋	0.8 t
		拟建工程	4-2 25 mm 内钢筋	1.2 t
		拟建工程临时设施	20-30 构造柱组合钢模板	1.610 m²
		拟建工程临时设施	20-40 圈梁组合钢模板	8.110 m²
8	浇注地圈梁构造柱		5-20 C20 混凝土地圈梁	9.7 m³
			5-16 C20 混凝土构造柱	1.4 m³
9	拆除模板	拟建工程临时设施	对应于模板定额	
10	回填土	拟建工程	1-1 挖一类土	326.2 m³
			1-104 基槽回填(夯填)	326.2 m³
			1-92 人力车运土 50 m	326.2 m³
			1-95×2 人力车运土加 100 m	326.2 m³
		拟建工程	1-98 平整场地	3 910 m²

第三,拟定了施工组织方案,具体内容包括:(1)基础工程施工不分施工段;(2)施工流向是:施工准备、挖运土方、浇注基础垫层、钢筋和模板安装(钢筋混凝土条基)、浇注钢筋混凝土条形基础、砌筑砖基础、钢筋和模板安装(地圈梁和构造柱)、浇注钢筋混凝土地圈梁和构造柱、回填土。

2.4.2 拟定分包方案

施工项目经理部相关人员根据资源可获得性限制,拟定了如表2.3所示的分包方案。

表2.3 施工项目分包方案表

分包商名称	合同形式	分包范围	分包内容
大力劳务公司	总价合同	土方工程	专业分包
民建劳务公司	总价合同	砌筑、浇注、钢筋、模板	劳务分包,其中钢筋工程包括钢筋加工机械
新建出租公司	总价合同	模板工程	周转材料
新建出租公司	总价合同	现场活动板房 120 m²	注:特殊的分包,提供彩钢板出租并负责搭设、维护和拆除

2.4.3 拟定项目内施工资源配置方案

施工项目经理部相关人员讨论了完成施工任务对施工能力的要求,结合所拟定的分包方案,根据资源可获得性限制,拟定了如表2.4所示的项目内施工资源配置方案。

表2.4 项目内施工资源配置表

序号	施工资源名称	单位	数量	备注
1	机动翻斗车(1 t)	台	2	用于现场材料运输
2	混凝土搅拌机(400 L)	台	1	用于现场搅拌混凝土
3	砂浆搅拌机(200 L)	台	1	用于现场搅拌砌筑砂浆
4	混凝土振捣机(插入式)	台	4	用于浇注混凝土
5	管理人员	人	6	开展现场管理工作

2.4.4 成本分解结构及费用控制要点

表2.5示意了施工项目成本分解结构及施工过程费用控制要点。

表 2.5 施工项目成本分解结构及费用控制要点表

序号	成本项目	费用控制要点
1	分包工程费	分包范围管理；分包造价管理
2	实体材料费	非分包范围内实体材料消耗及采购价格
3	现场施工费	项目内施工资源：配置数量、进(退)场时间、租赁价格
		现场包干费：管理人员费用、活动板房面积、装备时间、租赁价格

施工过程中如何根据成本运行规律确定施工项目计划成本？如何针对施工项目成本实施控制？在回答如何计划和控制之前，我们先学习第3章基于集成管理模式的施工项目成本计划和控制指标体系问题。

本章小结

本章介绍了施工项目的基本概念及系统结构，施工项目成本的概念、成本分解结构及成本运行的一般规律。

本章的重点是施工项目系统结构的一般形式，施工项目成本运行一般规律。

习 题

2-1 单选题

1. 施工过程中施工企业配置在施工现场的生产工人、施工机械、周转材料和分包商等一般被称为(   )。

   A. 物资保障　　　B. 施工资源　　　C. 生产能力　　　D. 施工项目

2. 承包范围是施工合同对有关可交付成果以及在形成这些成果时施工企业必须承担(   )的描述。

   A. 经济责任　　　B. 施工任务　　　C. 施工活动　　　D. 施工费用

3. 借助于(   )，可以将复杂的施工过程分解成便于组织和管理的项目单元。

   A. 组织分解结构　　　　　　　B. 物资保障体系
   C. 工作分解结构　　　　　　　D. 管理分解结构

4. 通过(   )，又可将项目单元还原成动态有序的项目整体。

   A. 逻辑分析　　　B. 项目定义　　　C. 需求分析　　　D. 界面分析

5. 施工项目成本是施工企业以施工项目为成本核算对象，按(   )计算的发生在施工过程中的全部生产性费用。

A. 完全成本法　　B. 直接成本法　　C. 间接成本法　　D. 制造成本法

6. 作为发生在施工过程中的全部生产性费用,根据施工过程中( )的特点,将施工项目成本分解成实体材料费、现场施工费、分包工程费等费用项目。

A. 生产性耗费　　B. 耗费地点　　C. 实施主体　　D. 会计方法

2-2　填空题

1. 施工企业在定义项目范围时,必须根据合同文件中有关( )的约定,结合资源可获得性、合同工期和成本费用最小化要求的约束,拟订合理的施工方案,发挥主观能动性,自行定义需要开展施工活动的具体内容。

2. 作为施工活动的( ),对应于施工项目工作分解结构的层次性,相应的物资保障体系必然是一种具有层次性的体系结构。

3. 施工过程中使用的由施工企业(或授权施工项目经理部)自行采购、使用和管理的( ),使用的分包商和消耗的建筑材料等共同构成了施工过程的生产性耗费。

4. 施工项目成本客观地会受诸如( )等相关因素的影响,这些因素的状态又取决于施工过程中相关职能环节做出的一系列决定。

5. 由于施工企业拥有的施工机械和周转材料具有对外出租以获取租金收入的机会,所以,基于施工企业( )的核算体制,即便是使用本企业拥有的施工机械和周转材料,作为施工项目成本的组成部分,施工机械和周转材料费也应按租用的方式进行核算。

6. 施工企业采用何种( )来归集施工过程中发生的生产性费用,将直接决定成本责任在施工项目层和企业组织管理层之间的分配。

2-3　简答题

1. 简述施工项目的概念及系统结构的一般模式。
2. 简述施工项目成本分解结构及其成本运行的一般规律。

2-4　思考题

选择某个施工项目开展调研,揭示其系统结构的具体形式,并分析成本费用与决策环节相关性的具体内容,写出研究报告。

第3章 施工项目成本计划和控制指标体系

教学目标

主要讲述基于集成管理模式的施工项目成本计划和控制工作对决策支持信息的要求、符合全面和全过程动态管理要求的施工项目成本计划和控制指标体系的基本框架、具体指标的测量和计算方法。通过本章学习，达到以下目标：

(1) 了解施工项目成本计划和控制工作对管理(决策支持)信息的要求；
(2) 掌握施工项目成本计划和控制指标体系的基本框架；
(3) 掌握具体指标的测量和计算方法。

教学要求

知识要点	能力要求	相关知识
施工项目成本计划和控制的动态性	(1) 掌握成本计划的动态性； (2) 掌握成本监测的动态性； (3) 掌握成本计划和控制循环互动过程的基本特征	(1) 只有将由计划和控制组成的循环贯穿于施工全过程才能实现针对施工项目成本的动态控制； (2) 控制期内成本差异指标用于反映控制期内的成本差异； (3) 控制期末成本动态差异指标用于反映经过本控制期的施工导致的成本变动趋势
针对施工项目成本的总量控制原理	(1) 掌握总量控制的内涵； (2) 掌握分段控制的内涵； (3) 掌握总量控制和分段控制的区别与联系	(1) 项目总成本指标用于反映施工项目预期施工总费用，它由控制期末计划成本和控制期末累计实际成本两部分构成； (2) 控制期末计划成本用于反映对应于控制期末未完施工任务的预期施工费用； (3) 控制期末累计实际成本用于反映截止到控制期末累计已发生的实际施工费用
造价费用和成本费用之间的相关性	(1) 掌握承包工程造价的费用构成； (2) 掌握造价费用和成本分解结构之间的量化关系； (3) 掌握将造价费用和成本项目进行对比的方法	(1) 承包工程造价的费用构成和施工项目成本的费用构成是不尽相同的； (2) 为了进行"明细"层面的对比，必须将构成工程造价的费用转变成对应于施工项目成本的费用结构； (3) 项目利润是用于反映施工项目预期收支对比情况的指标
指标体系的基本框架及具体指标测量方法	(1) 掌握指标体系包括的具体指标及其相互关系； (2) 了解具体指标的测量方法	(1) 计划和控制工作报表； (2) 计划和控制工作报表的具体形式

基本概念

施工项目成本计划和控制指标体系、项目总成本、期末计划成本、期内计划成本、期内实际成本、期内成本差异、期末成本动态差异、项目利润、项目利润率、实际成本测量。

引 例

集成管理是一种基于系统集成理论的一体化管理。就施工项目成本管理而言，强调将影响施工项目成本的相关职能环节（要素）关联起来进行计划和控制，并以相互交替的方式将计划和控制贯穿于施工全过程，据此实现基于施工决策的全面、全过程且动态的施工项目成本计划和控制。集成管理的本质特征是信息集成，施工项目成本计划和控制指标体系作为一种基于集成管理模式的计划和控制信息的表达体系，将计划和控制过程中相关职能环节的信息关联起来，通过系统综合提出具体的计划和控制指标。如图 3.1 所示，指标体系的主要作用是，一方面可据此规范施工项目成本计划和控制过程的信息处理工作，另一方面，经计划和控制过程形成的指标值，作为一种被标准化了的决策支持信息，是管理者进行施工决策的主要依据。

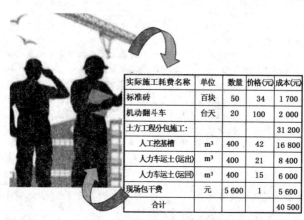

图 3.1 施工项目成本计划和控制指标体系的主要作用

3.1 施工项目成本计划和控制指标体系的概念

施工项目成本计划和控制所涉及的管理信息，如施工项目计划成本信息、经测量获得的实际成本信息、成本差异信息等,其内容、表现形式及相互关系均必须通过预先设计好的指标体系来加以规范。施工项目成本计划和控制指标体系是用以规定施工项目成本计划和控制过程所涉及信息的具体内容、表现形式及相互关系的规范性文件。借助于施工项目成本计划和控制指标体系,首先可据此规定施工项目成本计划的具体内容,为开展成本计划工作指明方向;其次可据此规定需要收集和汇总的实际成本的具体内容,以便采用相应的测量方法开展工作;第三,可据此规定需要进行成本分析的具体内容,为分析控制期内的成本差异以及控制期末的成本变动趋势等信息创造条件。施工项目成本计划和控制指标体系作为用以规范成本计划和控制工作的纲领性文件,承载着诸如施工项目计划成本、实际成本以及成本差异等信息,如果单纯从信息处理的角度观察,针对施工项目成本的计划和控制过程,其实就是采用一定的计划和测量方法,分别确定施工项目成本计划和控制指标体系中相关指标的指标值的过程。

3.2　施工项目成本计划和控制过程对指标体系的要求

为了提高管理工作的系统性和可操作性,实现标准化管理,必须设计一套适用于施工项目成本计划和控制工作的指标体系,一方面可据此规范施工项目成本计划和控制过程的信息处理工作,另一方面作为一种标准化了的决策支持信息的表达形式,可据此更加有效地为管理者提供决策信息支持,为此,首先需研究施工项目成本计划和控制工作对指标体系的要求,其次需设计一套适用于施工项目成本计划和控制工作的指标体系,据此规范针对施工项目成本的计划、测量、汇总和统计分析工作。

3.2.1　满足动态管理的要求

集成管理的主要特点是动态管理,强调计划和控制的循环互动,并随着变化了的主客观条件,将这种循环互动贯穿于施工全过程。如图3.2所示,动态管理对成本计划和控制指标体系的要求是:首先体现成本计划的动态性,要求随着变化了的主客观条件不断地编制控制期末对应于未完工程的成本计划,一方面用于指导下阶段的施工作业,另一方面作为下阶段成本控制的依据;其次体现成本监测的动态性,不仅要重视控制期内的成本信息,包括控制期内对应于实际进度的计划成本、实际成本以及两者之间的差异,而且要重视计划和控制循环互动过程中产生的成本信息,包括控制期初(即上个控制期末)的计划成本、控制期内实际成本、控制期末对应于未完工程的计划成本,以及由三者之间的关系决定的、用于揭示经本期施工导致的施工项目成本变动趋势的成本动态差异。

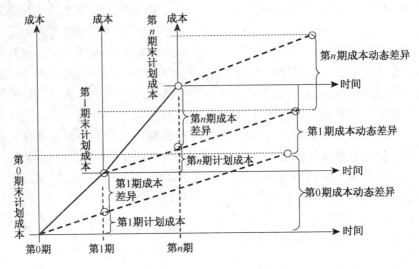

图 3.2 动态管理对成本计划和控制指标体系的要求

3.2.2 根据耗费特征划分成本项目

施工项目成本的大小主要取决于施工过程中的生产性耗费,在成本核算范围一定的条件下,施工过程中生产性耗费的大小客观上受诸如范围定义、施工技术、进度安排、资源配置等职能环节做出的决定的影响。不同职能环节的工作状态共同影响着施工项目成本的水平,基于集成管理模式的施工项目成本计划和控制的主要目标是有效地控制施工耗费,通过统筹协调各职能环节之间的关系来实现降低施工总费用。根据本课程第 2 章中有关施工项目成本分解结构的论述,现将施工项目成本分解成实体材料费、现场施工费和分包工程费等三项成本项目。

3.2.3 将总量控制和分段控制相结合

为了系统地监测和评估项目状态,集成管理强调将整体与局部相结合。就施工项目成本控制而言,既注重总量控制,又注重分段控制。总量控制强调通过定期核算施工项目的成本总量信息(诸如施工项目总成本、各成本项目的成本等)来实施控制;分段控制则偏重于通过定期核算施工过程各控制期的阶段性成本信息(诸如控制期实际成本、控制期末对应于未完工程的计划成本等)来实施控制。因为成本总量和分段成本之间客观上存在相互联系,所以,在设计施工项目成本计划和控制指标体系时,必须根据存在于成本总量和分段成本之间的内在联系,将总量控制指标和分段控制指标结合起来,实现基于相关指标之间关联性的系统化和结构化,并定义其测量和计算方法,提高指标体系的系统性和可操作性。

3.2.4 将施工项目造价和成本结合起来

虽然项目经理负责制决定了施工项目经理部只能是施工企业的成本中心,但是,施工项目存在很多不确定因素,施工过程往往会因变更导致承包范围的变化,承包范围的变化不仅会引起施工成本的变化,也会导致承包造价的增减。施工项目的造价收入和成本支出之间的相互联系,决定了如果只通过传统的施工项目成本绝对指标(责任成本、计划成本、实际成本等)以及相应的成本质量指标(降低率)和成本效益指标(降低额)来计划和评估施工项目的成本水平是不全面的。正确的做法应该是,在保留施工项目成本绝对指标的同时,基于既定的企业提成,将施工项目的造价和成本关联起来,通过设置能反映项目收支对比情况的项目利润和项目利润率指标,据此计划和评估施工项目的成本水平,并用于对施工项目经理部的成本绩效进行考核。

3.2.5 根据不同管理层的需要设置指标体系

根据不同的综合程度,指标体系一般包括明细指标和汇总指标两个层次。明细指标用于支持对施工过程进行分析、评估和重新计划等基层管理工作,汇总指标的主要作用是向施工企业的高层管理者或业主代表报告施工项目成本的实际状况及其变动趋势。

3.3 基于集成管理模式的施工项目成本计划和控制指标体系

在分析了施工项目成本计划和控制过程对指标体系要求的基础上,设计如图 3.3 所示的基于集成管理模式的施工项目成本计划和控制指标体系的基本框架,并就指标体系中各项具体指标的含义及计算方法进行说明。借助于该指标体系,管理者能够获得的成本信息主要包括施工项目总成本信息控制期内的成本差异信息、控制期末对应于未完工程的计划成本信息以及控制期末对应于未完工程的施工项目成本动态差异分析信息。

3.3.1 项目总成本

项目总成本用于动态地反映施工项目的预期施工总费用,包括截止到控制期末对应于未完工程的计划成本和已发生的实际成本累计两部分。由于施工过程客观上存在着干扰因素,施工项目的范围、适用的技术方法、组织措施、生产要素价格等计划条件往往会因工程变更处于不断的变化之中,所以,必须根据变化了的计划

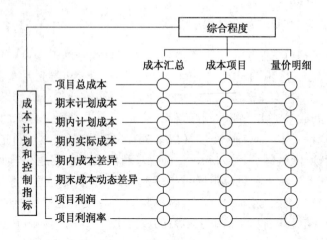

图 3.3　基于集成管理模式的施工项目成本计划和控制指标体系示意图

条件定期核算项目总成本。如公式(3-1)所示，基于某个控制期末的计划条件，核算项目总成本的基本思路是：首先分别计算施工项目包括的实体材料费、分包工程费、现场施工费等成本费用，其中，现场施工费又是由项目内施工资源费和现场包干费两项费用构成的；其次将这些费用加以汇总。

项目总成本＝实体材料费＋分包工程费＋项目内施工资源费＋现场包干费

(3-1)

1) 实体材料费

实体材料费是履行施工合同所需消耗的全部实体材料的费用，其大小取决于实体材料的总消耗量和价格两个因素。由于总消耗量的计算方法是将施工项目包括的全部分项工程实物工程量（注：即企业定额或计价定额的实物工程量）乘以相应的材料消耗定额（注：如果没有企业定额，则采用计价定额中的实体材料消耗标准），其中，全部分项工程实物工程量的大小取决于施工项目的范围，材料消耗定额则相对稳定，因此，基于一定的项目范围和分包方案，总消耗量的大小一般不受施工项目所处的时间阶段的影响，但是材料价格客观上会随时间的变化而改变，不同时间阶段的材料价格水平是不同的。为了在某个控制期末准确地估算实体材料费，必须立足于控制期末的计划条件，首先计算截止到控制期末已经实际发生的实体材料费累计以及相应的材料消耗量；其次，根据当前预测的实体材料价格水平计算控制期末对应于未完工程的计划实体材料费。项目总成本中实体材料费的计算方法，详见公式(3-2)至公式(3-6)，其中，全部实物工程量来源于施工图纸、变更资料、现场条件和分包方案，控制期实际实体材料费、相应的实际材料消耗量和实际价格等则来源于施工过程中针对实际成本的测量。

$$总消耗量 = \sum 全部实物工程量_i \times 材料消耗定额_i \qquad (3-2)$$

$$某控制期实际实体材料费 = \sum 实际材料消耗量_i \times 实际价格_i \qquad (3-3)$$

$$实际实体材料费累计 = \sum 控制期实际实体材料费_i \qquad (3-4)$$

$$实际实体材料消耗量累计 = \sum 控制期实际实体材料消耗量_i \qquad (3-5)$$

$$实体材料费 = 实际实体材料费累计 + \sum (总消耗量_i - 实际实体材料消耗量累计_i) \times 当前价格_i \qquad (3-6)$$

【例题 3.1】 某住宅建筑基础工程施工项目,其中"砌筑标准砖条形基础"的实物工程量为 30.6 m³,计价定额规定,标准砖的消耗量标准为 5.22 百块/m³,经实际成本测量得,开工后第一个控制期内实际消耗了标准砖 52.2 百块,相应的实际价格为 32 元/百块,基于第一个控制期末的市场预测,今后标准砖的价格估计为 34 元/百块,请计算基础工程施工所需发生的标准砖总费用。

解:
标准砖总消耗量 = 30.6 × 5.22 = 159.732(百块)
控制期内发生的实际标准砖费用 = 52.2 × 32 = 1 670.4(元)
实际标准砖费累计 = 1 670.4(元)
实际标准砖消耗量累计 = 52.2(百块)
施工项目总标准砖费 = 1 670.4 + (159.732 − 52.2) × 34 = 5 326.488(元)

2) 分包工程费

分包工程费是按分包合同的约定,施工项目经理部必须支付给分包商的费用。根据目前总承包企业和分包商之间常用的结算方法,分工施工的合同形式一般包括单价合同和总价合同两种类型。其中,基于单价合同的分包合同造价,如公式(3-7)所示,一般按分包合同约定的分包范围和分包单价进行计价,其大小等于分包范围内的实物工程量乘以相应的分包单价,实物工程量的大小取决于拟建(和临时)工程的施工图、设计变更资料以及所拟定的分包方案,分包单价则根据分包内容由总承包企业和分包商通过协商来加以确定;基于总价合同的分包工程的合同造价的确定方法,虽然从形式上看,一般由总承包企业和分包商通过协商来确定合同总价,但是,就其本质而言,总价合同造价的计价过程,其原理一般还必须根据分包范围和分包单价来计算。当施工项目包括的所有分包合同造价均被计算出来后,如公式(3-8)所示,施工项目的分包工程费等于各分包合同造价之和。

$$分包合同造价 = \sum 分包实物工程量_i \times 分包单价_i \qquad (3-7)$$

$$\text{分包工程费} = \sum \text{不同分包合同造价}_i \qquad (3-8)$$

3) 现场施工费

现场施工费是施工企业为获得并维持现场施工和管理能力,在施工过程中自行采购和使用施工资源的花费,根据费用性质不同,又可进一步细分为项目内施工资源费和现场包干费两个部分。

(1) 项目内施工资源费

项目内施工资源是施工企业(或授权项目经理部)自行采购并使用的生产工人、施工机械和周转材料等,项目内施工资源费是因施工过程占用了施工资源的工作时间,按采购协议必须由项目经理部支付的费用。虽然项目内施工资源费一般包括计件人工费、周转材料施工损耗费、计时人工费以及施工机械和周转材料租赁费等多种形式,然而,由于计件人工费的大小一般取决于生产工人完成的实物工程量和计件工资标准,其费用计算可以套用基于单价合同的分包工程费的计算方法,周转材料施工损耗费是对应于施工过程中周转材料施工损耗的费用,其费用计算可以套用实体材料费的计算方法,因此,此处关于对项目内施工资源费的讨论,只针对计时人工费、施工机械和周转材料租赁费等施工资源费用。

项目内施工资源费(包括计时人工费、施工机械费和周转材料费)的大小一般受生产工人、施工机械和周转材料在施工现场的配置强度、使用时间以及相应的单位费用(单价)等因素的影响。施工资源的配置强度和使用时间(资源需求直方图)一般取决于项目范围、施工技术、资源选择和相应的进度安排。计算生产工人计时人工费所采用的单价一般被称为计时人工单价,其大小主要取决于施工企业规定的计时工资标准;计算施工机械和周转材料费时所采用的单价,其形式一般是租赁单价,究其原因主要是,虽然施工项目经理部获得机械和周转材料的途径可以分为向外单位租用和企业内部调用两种,但是,考虑到施工企业自行购买的施工机械和周转材料也具有对外出租以获取租金收入的机会,所以,从投资收益的角度看,即使采用企业拥有的施工机械和周转材料,其费用核算也应采用租用方式。

由于施工过程中施工资源的配置强度、使用时间和单价通常会随着新的计划条件不断地变化,所以,如公式(3-9)所示,项目内施工资源费一般由两部分组成,其一是截止到控制期末已经发生的实际施工资源费累计,其二是根据控制期末对应于未完工程的资源需求直方图计算的计划资源费用。在计算项目内施工资源费时,实际施工资源费累计一般来源于针对施工过程的成本测量;期末对应于未完工程的计划资源费,其计算方法如公式(3-10)所示,首先编制对应于控制期末未完工程的进度计划,其次配置施工资源以形成相应的资源需求直方图,最后将资源需求直方图的面积乘以相应的资源单价得到计划资源费用。

$$项目内施工资源费 = \sum 实际施工资源费累计 + \\ 期末对应于未完工程的计划资源费 \quad (3-9)$$

$$期末计划施工资源费 = \sum 资源配置强度_i \times 配置时间_i \times 计时（租赁）单价_i \\ \quad (3-10)$$

【例题 3.2】 某住宅建筑基础工程施工过程中，施工现场配置 2 台机动翻斗车作为运输工具，经成本测量得，开工后第一个控制期内实际发生的机动翻斗车租赁费为 1 720 元，基于第一个控制期末编制的对应于未完工程的计划，后续工期为 20 天，继续配置 2 台机动翻斗车作为运输工具，机动翻斗车的预期租赁单价为 100 元/（台·天），请计算基础工程施工所需发生的机动翻斗车的租赁总费用。

解：
控制期末计划机动翻斗车租赁费 $= 2 \times 20 \times 100 = 4\,000$（元）
施工项目总机动翻斗车租赁费 $= 1\,720 + 4\,000 = 5\,720$（元）

（2）现场包干费

现场包干费是施工项目经理部为施工准备、组织和管理施工过程以及为施工作业提供诸如技术支持和后勤保障等间接服务所需发生的现场性费用。如果将管理人员、对外租用的临时设施、属于管理费的资金等看作是一种特殊的施工资源，那么，现场包干费的指标含义及计算方法与项目内施工资源费的指标含义及计算方法相同。

3.3.2 期末计划成本

期末计划成本用于反映施工过程中某个控制期末对应于未完工程的预期施工费用。基于控制期末所定义的项目范围和工程已完成程度，结合拟定的对应于期末未完工程的施工方案和相应的进度计划，期末计划成本的计算方法详见公式(3-11)至公式(3-15)。

$$期末计划成本 = 期末计划实体材料费 + 分包工程费 + 项目内施工 \\ 资源费 + 现场包干费 \quad (3-11)$$

$$期末计划实体材料费 = \sum (总消耗量_i - 实际实体材料消耗量累计_i) \times \\ 当前材料价格_i \quad (3-12)$$

$$期末计划分包工程费 = 分包工程费 - \sum 对应于各分包合同的已结算分包费_i \\ \quad (3-13)$$

$$期末计划施工资源费 = \sum 对应于未完工程的配置强度_i \times 配置时间_i \times 计时(租赁)单价_i \quad (3-14)$$

$$期末计划现场包干费 = \sum 对应于未完工程的包干费计划需求强度_i \times 计划需求时间_i \quad (3-15)$$

【例题 3.3】 某住宅建筑基础工程施工项目:(1)包括的"砌筑标准砖条形基础"的实物工程量为 30.6 m³,计价定额规定的标准砖消耗标准为 5.22 百块/m³,经实际成本测量得,开工后第一个控制期内实际消耗了标准砖 52.2 百块,基于第一个控制期末的市场预测,今后标准砖的价格估计为 34 元/百块;(2)施工现场配置 2 台机动翻斗车作为运输工具,基于第一个控制期末编制的对应于未完工程的进度计划,后续工期为 20 天,继续配置 2 台机动翻斗车作为运输工具,机动翻斗车的预期租赁单价为 100 元/(台·天),另外,后续工期内每天平均需要支出的现场包干费用的计划值为 600 元;(3)土方工程采用专业分包,合同类型为固定总价合同,分包合同造价 40 600 元,第一个控制期内实际结算分包工程费 30 000 元。请计算第一个控制期末计划的标准砖、机动翻斗车、分包工程和现场包干等费用。

解:

期末计划标准砖费 = (30.6 × 5.22 − 52.2) × 34 = 3 656.088(元)
期末计划机动翻斗车费 = 2 × 20 × 100 = 4 000(元)
期末计划分包工程费 = 40 600 − 30 000 = 10 600(元)
期末计划现场包干费 = 20 × 600 = 12 000(元)

3.3.3 期内计划成本、实际成本和成本差异

1) 期内计划成本

期内计划成本用于反映施工过程中某个控制期内对应于实际进度(一般采用期内完成的实物工程量计量)的计划成本。基于控制期内已完成的实物工程量,结合控制期内基于原成本计划的资源需求、材料耗费和相应的价格水平,期内计划成本的计算方法详见公式(3-16)至公式(3-20)。

$$期内计划成本 = 期内计划实体材料费 + 分包工程费 + 项目内施工资源费 + 现场包干费 \quad (3-16)$$

$$期内计划实体材料费 = \sum 对应于实际进度的计划消耗量_i \times 材料计划价格_i \quad (3-17)$$

$$\text{期内计划分包工程费} = \sum \text{期内实际完成实物工程量}_i \times \text{当前分包合同的分包单价}_i \quad (3\text{-}18)$$

$$\text{期内计划项目内施工资源费} = \sum \text{对应于本期资源计划的配置强度}_i \times \text{期内配置时间}_i \times \text{计划单价}_i \quad (3\text{-}19)$$

$$\text{期内计划现场包干费} = \sum \text{对应于本控制期的包干费计划需求强度}_i \times \text{需求时间}_i \quad (3\text{-}20)$$

【例题3.4】 某住宅建筑基础工程施工项目,开工后第一个控制期为期10天,控制期实际进度见表3.1,原成本计划的基本信息是:(1)分项工程"砌筑标准砖条形基础"的实物工程量为30.6 m³,计价定额规定的标准砖消耗标准为5.22百块/m³,标准砖计划价格为32元/百块;(2)施工现场计划配置2台机动翻斗车作为运输工具,机动翻斗车的计划租赁单价为86元/(台·天),另外,原计划工期内每天平均需要支出的现场包干费用的计划值为600元;(3)土方工程采用专业分包,合同类型为固定总价合同,分包合同造价40 600元,合同造价的计算依据见表3.2。请计算第一个控制期内对应于实际进度的计划标准砖、机动翻斗车、分包工程和现场包干等费用。

表3.1 控制期实际进度表

定额编号	计价定额名称	单位	实际完成工程量
3-1	标准砖条形基础	m³	10
1-23	人工挖基槽	m³	400
1-92	人力车运土 50 m	m³	400
1-95×2	人力车运土 500 m 内每增加 50 m	m³	400

表3.2 土方工程分包合同造价计算依据表

定额编号	计价定额名称	单位	工程量	单价	合价
1-23	人工挖基槽	m³	400	40	16 000
1-92	人力车运土 50 m(运出)	m³	400	20	8 000
1-95×2	人力车运土 500 m 内每增加 50 m(运出)	m³	400	15	6 000
1-1	人工挖一类土	m³	180	5.89	1 060
1-92	人力车运土 50 m(运回)	m³	180	20	3 600

续表 3.2

定额编号	计价定额名称	单位	工程量	单价	合价
1-95×2	人力车运土 500 m 内每增加 50 m(运回)	m³	180	15	2 700
1-104	基槽回填土	m³	180	18	3 240
	合　计				40 600

注：本表中"单价"和"合价"的计量单位均为"元"。

解：

期内计划标准砖费 $= 10 \times 5.22 \times 32 = 1\,670.4$(元)

期内计划机动翻斗车费 $= 10 \times 2 \times 86 = 1\,720$(元)

期内计划现场包干费 $= 10 \times 600 = 6\,000$(元)

期内计划分包工程费 $= 400 \times (40 + 20 + 15) = 30\,000$(元)

2) 期内实际成本

期内实际成本用于反映施工过程中某个控制期内对应于实际进度（一般采用期内完成的实物工程量计量）的实际成本，如公式(3-21)所示的一般原理，其大小取决于施工资源和材料的实际耗费量以及相应的实际价格两个因素。基于控制期内对实际进度、施工耗费和实际价格的测量（包括调查、记录和汇总），能够获得实际施工耗费和实际价格等计算期内实际成本的信息。关于针对期内实际成本的实际施工耗费、实际价格的具体测量和计算方法详见本章第 4 节的相关论述。

$$\text{期内实际成本} = \sum \text{对应于实际进度的施工耗费}_i \times \text{实际价格}_i \quad (3-21)$$

【例题 3.5】 接着例题 3.4 的条件，对应于控制期内实际进度，假设经现场调查、记录和汇总，控制期内对应于实际进度的实际施工耗费和实际价格的具体信息见表 3.3，则经计算得到的控制期内实际成本的信息见表 3.3 中的"实际成本"栏。

表 3.3 控制期内对应于实际进度的实际施工耗费和实际价格信息表

实际施工耗费名称	单位	数量	实际价格	实际成本
标准砖	百块	50	34	1 700
机动翻斗车	台·天	20	100	2 000
土方工程分包施工：				31 200
人工挖基槽(1-23)	m³	400	42	16 800
人力车运土 50 m(运出)(1-92)	m³	400	21	8 400
人力车运土 500 m 内每增 50 m(运出)(1-95×2)	m³	400	15	6 000
现场包干费	元	5 600	1	5 600
合　计				40 500

注：本表中"实际价格"和"实际成本"的计量单位均为"元"。

3) 期内成本差异

期内成本差异用于反映施工过程中某个控制期内对应于实际进度(一般采用期内完成的实物工程量计量)的实际成本与计划成本之间的差异。如果将费用计算时采用的对应于分包工程费的实物工程量、对应于实体材料费的材料消耗量、对应于项目内施工资源费的时间占用等统称为耗费量,那么,期内成本差异的计算方法如公式(3-22)所示,它不仅适用于成本汇总指标的计算,而且适用于成本项目以及量价明细指标的计算。为了综合地描述控制期内发生的耗费量差异和价格差异对期内成本差异的影响程度,如公式(3-23)和公式(3-24)所示,根据"挣值"原理,提出了对应于期内成本差异的耗费量差异和价格差异两个指标的计算方法。

$$期内成本差异 = \sum(实际耗费量_i \times 实际价格_i - 计划耗费量_i \times 计划价格_i) \tag{3-22}$$

$$期内耗费量差异 = \sum(实际耗费量_i \times 计划价格_i - 计划耗费量_i \times 计划价格_i) \tag{3-23}$$

$$期内价格差异 = \sum(实际耗费量_i \times 实际价格_i - 实际耗费量_i \times 计划价格_i) \tag{3-24}$$

【例题 3.6】 如果将例题 3.4 和例题 3.5 的数据关联起来,则某住宅建筑基础工程施工项目在第一个控制期内的期内成本差异、期内耗费量差异和期内价格差异等三种指标的计算结果见表 3.4、表 3.5、表 3.6。

表 3.4 期内成本差异表

施工耗费名称	单位	实际量	实际价	计划量	计划价	成本差异
标准砖	百块	50	34	52.2	32	29.6
机动翻斗车	台·天	20	100	20	86	280
土方工程分包施工:						1 200
人工挖基槽	m³	400	42	400	40	800
人力车运土 50 m	m³	400	21	400	20	400
人力车运土 500 m 内每增 50 m	m³	400	15	400	15	0
现场包干费	元	5 600	1	6 000	1	−400
合 计						1 109.6

注:本表中"计划价""实际价"和"成本差异"的计量单位均为"元"。

表 3.5 期内耗费量差异表

施工耗费名称	单位	实际量	计划量	计划价	耗费量差异
标准砖	百块	50	52.2	32	−70.4
机动翻斗车	台·天	20	20	86	0
土方工程分包施工:					0
人工挖基槽	m³	400	400	40	0
人力车运土 50 m	m³	400	400	20	0
人力车运土 500 m 内每增 50 m	m³	400	400	15	0
现场包干费	元	5 600	6 000	1	−400
合　　计					−470.4

注:本表中"计划价"和"耗费量差异"的计量单位均为"元"。

表 3.6 期内价格差异表

施工耗费名称	单位	实际量	实际价	计划价	价格差异
标准砖	百块	50	34	32	100
机动翻斗车	台·天	20	100	86	280
土方工程分包施工:					1 200
人工挖基槽	m³	400	42	40	800
人力车运土 50 m	m³	400	21	20	400
人力车运土 500 m 内每增 50 m	m³	400	15	15	0
现场包干费	元	5 600	1	1	0
合　　计					1 580

注:本表中"计划价""实际价"和"价格差异"的计量单位均为"元"。

3.3.4 期末成本动态差异

期末成本动态差异用于反映施工项目经过某个控制期的施工导致的成本总水平的变动趋势。基于控制期末根据变化了的计划条件编制的对应于未完工程的新计划,则公式(3-25)示意了相对于上个控制期末(本控制期初)的成本动态差异指标的计算方法,它不仅适用于成本汇总指标的计算,而且适用于成本项目以及量价明细指标的计算。为了综合地描述对应于期末成本动态差异的耗费量差异和价格差异,如公式(3-26)和公式(3-27)所示,根据"挣值"原理,提出了对应于期末成本动态差异的耗费量动态差异和价格动态差异两种指标的计算方法。

期末成本动态差异 = 期末计划成本 + 期内实际成本 / 期初计划成本

(3-25)

$$耗费量动态差异 = \sum (期末量_i + 期内量_i) \times 期初价_i - \sum 期初量_i \times 期初价_i \qquad (3-26)$$

$$价格动态差异 = \sum 期末量_i \times 期末价_i + \sum 期内量_i \times 期内价_i - \sum (期末量_i + 期内量_i) \times 期初价_i \qquad (3-27)$$

【例题 3.7】某住宅建筑基础工程施工项目：

(1) 开工前编制的第一个施工计划如下：项目范围包括"砌筑标准砖条形基础"和"土方工程施工"；其中"砌筑标准砖条形基础"的实物工程量为 30.6 m³，相应的标准砖消耗量标准为 5.22 百块/m³，"土方工程"采用分包施工；计划工期为 30 天，期间配置 2 台机动翻斗车作为运输工具。相应的成本计划见表 3.7。

表 3.7 开工前编制的第一个成本计划表

耗费量编号	名 称	单位	数量	单价	合价
10102	标准砖	百块	159.732	32	5 111.42
11205	机动翻斗车	台·天	60	86	5 160
1-23	人工挖基槽	m³	400	40	16 000
1-92	人力车运土 50 m（运出）	m³	400	20	8 000
1-95×2	人力车运土 500 m 内每增加 50 m（运出）	m³	400	15	6 000
1-1	人工挖一类土	m³	180	5.89	1 060
1-92	人力车运土 50 m（运回）	m³	180	20	3 600
1-95×2	人力车运土 500 m 内每增加 50 m（运回）	m³	180	15	2 700
1-104	基槽回填土	m³	180	18	3 240
合 计					50 871.42

注：本表中"单价"和"合价"的计量单位均为"元"。

(2) 开工后第一个控制期为期 10 天，经现场测量得实际进度为：完成了 10 m³ 的"砌筑标准砖条形基础"以及"全部土方开挖"施工任务。期内实际成本见表 3.8。

表 3.8 期内实际成本表

耗费量编号	名 称	单位	数量	单价	合价
10102	标准砖	百块	52.2	32	1 670.4
11205	机动翻斗车	台·天	20	86	1 720
1-23	人工挖基槽	m³	400	40	16 000

续表3.8

耗费量编号	名称	单位	数量	单价	合价
1-92	人力车运土50 m(运出)	m³	400	20	8 000
1-95×2	人力车运土500 m内每增加50 m(运出)	m³	400	15	6 000
	合 计				33 390.4

注:本表中"单价"和"合价"的计量单位均为"元"。

(3) 开工后第一个控制期末的计划条件为:项目范围内"砌筑标准砖条形基础"的实物工程总量变为32 m³,相应的标准砖消耗量标准不变,预测标准砖的计划价格变为34元/百块;"土方工程"的工程量、分包方式及价格均不变;后续施工计划工期为22天,继续配置2台机动翻斗车作为运输工具,租赁单价变为100元/(台·天)。基于开工后第一个控制期末的计划条件,相应的期末成本计划见表3.9。

表3.9 期末成本计划表

耗费量编号	名称	单位	数量	单价	合价
10102	标准砖	百块	114.84	34	3 904.56
11205	机动翻斗车	台·天	44	100	4 400
1-1	人工挖一类土	m³	180	5.89	1 060
1-92	人力车运土50 m(运回)	m³	180	20	3 600
1-95×2	人力车运土500 m内每增加50 m(运回)	m³	180	15	2 700
1-104	基槽回填土	m³	180	18	3 240
	合 计				18 904.56

注:本表中"单价"和"合价"的计量单位均为"元"。

根据上述已知条件,计算基础工程开工后,第一个控制期末的成本动态差异指标及相应的耗费量动态差异指标和价格动态差异指标。

解:

(1) 第一个控制期末的成本动态差异指标见表3.10。

表3.10 期末成本动态差异指标计算表

成本项目名称	期末计划成本	期内实际成本	期初计划成本	成本动态差异
标准砖费	3 904.56	1 670.4	5 111.42	463.54
机动翻斗车费	4 400	1 720	5 160	960
分包工程费	10 600	30 000	40 600	0
合 计	18 904.56	33 390.4	50 871.42	1 423.54

注:本表中"期末计划成本"、"期内实际成本"、"期初计划成本"和"成本动态差异"的计量单位均为"元"。

(2) 第一个控制期末对应于成本动态差异指标的耗费量动态差异指标见表 3.11。

表 3.11 期末耗费量动态差异指标计算表

耗费量名称	单位	期末量	期内量	期初量	期初价格	耗费量动态差异
标准砖	百块	114.84	52.2	159.732	32	233.856
机动翻斗车	台·天	44	20	60	86	344
人工挖基槽	m³	0	400	400	40	0
运土 50 m 出	m³	0	400	400	20	0
运土加 100 m	m³	0	400	400	15	0
挖一类土	m³	180	0	180	5.89	0
运土 50 m 回	m³	180	0	180	20	0
运土加 100 m	m³	180	0	180	15	0
基槽回填土	m³	180	0	180	18	0
合 计						577.856

注:本表中"期初价格"、"耗费量动态差异"的计量单位均为"元"。

(3) 第一个控制期末对应于成本动态差异指标的价格动态差异指标见表 3.12。

表 3.12 期末价格动态差异指标计算表

耗费量名称	单位	期末量	期内量	期末价	期内价	期初价	价格动态差异
标准砖	百块	114.84	52.2	34	32	32	229.68
机动翻斗车	台·天	44	20	100	86	86	616
人工挖基槽	m³	0	400	40	40	40	0
运土 50 m 出	m³	0	400	20	20	20	0
运土加 100 m	m³	0	400	15	15	15	0
挖一类土	m³	180	0	5.89	5.89	5.89	0
运土 50 m 回	m³	180	0	20	20	20	0
运土加 100 m	m³	180	0	15	15	15	0
基槽回填土	m³	180	0	18	18	18	0
合 计							845.68

注:本表中"期末价""期内价""期初价"以及"价格动态差异"的计量单位均为"元"。

3.3.5 项目利润和项目利润率

设置项目利润和项目利润率的目的,如公式(3-28)所示,主要是用于动态地反映施工过程中各控制期末施工项目的预期总造价和成本总支出之间的差异,据此可以计划和评估施工项目预期能实现的利润和相应的利润率等成本效益和成本质量水平。

$$项目利润 = 造价 - 成本 - 企业提成 - 规费 - 税金$$

$$项目利润率 = \frac{项目利润}{造价} \tag{3-28}$$

式中：成本——包括控制期末计划成本和之前各期累计的实际成本；

造价——按控制期末的价格水平和项目范围计算的施工项目的预(结)算造价；

企业提成——按造价的百分比计算,包括企业管理费、预算利润、项目上缴利润等；

规费、税金——按造价计算方法的规定进行计算。

由于承包工程造价和施工项目成本的费用结构不尽相同,所以,公式(3-28)所示的计算方法,仅仅适用于成本汇总层面的项目收支对比,当细分到成本项目以及量价明细层面时,为了便于对比,还需将构成工程造价的费用进行重新组合,使之与施工项目成本的费用结构相一致。

1) 承包工程造价的费用构成

我国现行《建设工程工程量清单计价规范》将工程造价划分为分部分项工程费、措施项目费、其他项目费以及规费和税金等,其中分部分项工程费、措施项目费和其他项目费均包括了完成清单项目包含的施工任务所需发生的人工费、材料费、机械费以及需分摊的管理费和利润。费用计算方法:针对分部分项清单项目和能套用计价定额计价的措施项目采用定额计价法,其中人工费、材料费和机械费,一般基于清单项目包含的定额工程量,参照计价定额规定的消耗量标准,并结合现行价格水平进行计算;管理费和利润一般是按人工费和机械费的一个百分比(管理费率、利润率)进行分摊计算;针对不能套用计价定额计价的措施项目和其他项目,主要采用费率计算法,通常是按某个基数(如分部分项工程费)的一个百分比(费率)进行计算。

2) 施工项目成本分解结构

如果将承包工程造价看成是施工项目经理部的总收入,则立足于施工项目经理部,按目前施工企业的通常做法,其必需的费用支出包括:分包工程费、实体材料费、现场施工费(包括项目内施工资源费、现场包干费两类)、企业提成(包括企业管理费、预算利润和施工项目必须上缴的工程利润)和规费、税金。

3) 重组能满足施工项目收支对比要求的工程造价费用结构

为了使施工项目的造价收入和成本支出具有可比性,需要将构成工程造价的费用按施工项目成本核算的口径重新组合,使之与施工项目成本的费用结构相对应。具体做法是(见图3.4):首先将工程造价中包括的管理费按一定比例分解成企业管理费和现场管理费两部分;其次套用计价定额计算由施工方案决定的现场临时(安全)工程(设施)的直接费(仅包括人工、材料和机械费),并将工程造价中采用费率计算法计取的措施项目费(和其他项目费)减去临时(安全)工程(设施)直接费的剩余部分称为剩余费用;第三,将从造价中分解出来的现场管理费加剩余费用之和称为预算包干费,对应于施工项目成本中的现场包干费;第四,将从造价中分解出来的企业管理费和利润相加,并命名为预算提成,对应于施工项目成本中的企业提成。按上述方法对工程造价费用进行重新组合之后,则可以采用公式(3-29)和公式(3-30)所示的方法,计算控制期末施工项目预期能够实现的项目利润和项目利润率的明细信息。

造价费用		成本费用	分包工程费	实体材料费	施工资源费	现场包干费	企业提成	规费税金
预算提成	定额计价	人工费	○		○			
		实体材料费	○	○		现场施工费		
		周转材料费	○		○			
		机械费	○		○			
		企业管理费					○	
		现场管理费				○		
		利润					○	
预算包干费	费率计价	人工费	○		○			
		实体材料费	○	○				
		周转材料费	○		○			
		机械费	○		○			
		剩余费用				○		
		规费、税金						○

图3.4 按施工项目收支对比要求拆分造价费用示意图

$$\text{项目利润} = \sum \left[\begin{array}{l} \text{分包范围内计价定额人、材、机费} - \text{实际分包费累计} - \text{期末计划分包费} + \\ \text{非分包范围内计价定额实体材料费} - \text{实际实体材料费累计} - \text{期末计划实体材料费} + \\ \text{非分包范围内计价定额人、机和周转材料费} - \text{实际施工资源费累计} - \text{期末计划施工资源费} \end{array} \right]$$

$$+ \text{预算包干费} - \text{实际现场包干费累计} - \text{期末计划现场包干费}$$

$$+ \text{预算提成} - \text{实际企业提成累计} - \text{期末计划企业提成} \qquad (3\text{-}29)$$

$$\text{项目利润率}(\text{成本汇总、成本项目、量价明细}) = \frac{\text{相应的项目利润}}{\text{工程造价}} \qquad (3\text{-}30)$$

3.4 施工项目实际成本测量

所谓施工项目实际成本测量,是指为了核算控制期内的实际成本,针对施工项目成本的各项要素开展的包括调查记录和统计汇总在内的现场统计工作。施工项目实际成本的测量内容,主要包括施工项目实际进度、实际分包工程费、实际现场施工费(包括项目内施工资源费、现场包干费)以及实际实体材料费等。基于现场统计获得的成本信息,采用会计核算方法,可以计算控制期实际成本。

3.4.1 施工项目实际进度测量

测量施工项目实际进度的方法,一般是调查并记录控制期内实际完成的分项工程实物工程量(注:即企业定额或计价定额的实物工程量)。实际完成的实物工程量不仅是计算基于本期成本计划的控制期内计划成本的基础,还是确定控制期内实际分包工程费的依据。

3.4.2 实际分包工程费测量

虽然结算期实际结算的分包工程费一般是由总承包企业和分包商按分包合同的约定通过协商确定的,但是,协商实际结算分包工程费的基础还是分包商在结算期内实际完成的实物工程量和相应的分包合同单价。所谓实际分包工程费测量,是指计算控制期内对应于实际完成实物工程量的基于分包合同的实际分包工程费用,目的是为总承包企业和分包商通过协商确定结算期实际结算分包工程费提供决策支持。基于控制期内实际完成的实物工程量,实际分包工程费的计算,只需将经测量得到的实际完成实物工程量分别乘以相应的分包单价并按分包商进行汇总。

3.4.3 实际实体材料费测量

实际实体材料费是控制期内对应于实际进度的实际实体材料消耗的费用,其大小取决于控制期内实体材料的实际消耗量和相应的价格。至于实际实体材料费测量的方法,只需在施工过程中如实记录控制期内不同批次材料的供应信息,包括供应商、供应日期、每批次的供应量和相应的价格等,并通过控制期末的库存盘点,采用公式(3-31)所示的方法,则可以计算出控制期内的实际实体材料费。

$$期内实际实体材料费 = 期初库存量 \times 库存价 + \sum 期内供应量 \times 供应价 - 期末库存量 \times 库存价 \quad (3\text{-}31)$$

公式(3-31)中对应于期末库存量的库存价格[注:指的是本控制期末的库存量,公式(3-31)中的期初库存量即是上个控制期末的库存量]的计算,可按照"先到达先使用"的原则,首先确定期末库存量中包含材料的供应批次,再按公式(3-32)所示的方法,计算对应于期末库存量的库存价格。

$$库存价格 = \frac{\sum 组成期末库存量的各批次材料 \times 供应价格}{期末库存量} \quad (3-32)$$

【例题 3.8】 某住宅建筑基础工程施工过程中,某控制期的开始日期为 6 月 20 日、结束日期为 7 月 20 日,控制期为期一个月。经上个控制期末(6 月 20 日)的库存盘点,得水泥的期末库存为 20 t,库存单价为 320 元/t。控制期内水泥的供应信息见表 3.13 所示;经本控制期末(7 月 20 日)的库存盘点,得水泥的期末库存为 30 t。请计算控制期内发生的实际水泥费用以及对应于期末库存的库存价格。

表 3.13 控制期水泥供应信息见表

序号	供应日期	供应商	供应量(t)	价格(元/t)
1	6月21日	立达建材公司	50	300
2	6月28日	建明建材公司	30	340
3	7月6日	立达建材公司	20	360
4	7月18日	立达建材公司	20	320

解:

$$期末库存价格 = \frac{10 \times 360 + 20 \times 320}{30} = 333.3 (元/t)$$

实际水泥费用 $= 20 \times 320 + 50 \times 300 + 30 \times 340 + 10 \times 360 = 35\,200 (元)$

3.4.4 实际项目内施工资源费测量

实际项目内施工资源费是控制期内对应于实际进度的包括生产工人、施工机械和周转材料等在内的实际施工资源费用。因占用了生产工人、施工机械和周转材料的工作时间,按雇佣(租赁)协议必须支付项目内施工资源费,其大小通常取决于控制期内实际发生的对施工资源的时间占用和相应的计时(租赁)单价。对施工资源的时间占用一般取决于实际配置在施工现场的资源强度和相应的装备时间,计时(租赁)单价则由相应的雇佣(租赁)协议确定。针对实际项目内施工资源费的测量,其方法是:首先如实记录不同批次的人工、机械和周转材料的进退场信息,包括供应商、进退场日期、每批次的数量和相应的单价等,其次采用公式(3-33)所示的方法,计算控制期内的实际项目内施工资源费。

$$\text{实际项目内施工资源费} = \sum \text{每批次进退场数量} \times \text{本期内时间} \times \text{单价}$$
(3-33)

式中：每批次进退场数量——整个施工阶段内不同批次进退场资源的数量；

本期内时间——不同批次进退场的资源在本控制期内的使用时间；

单价——对应于不同批次进退场的资源的计时(租赁)单价。

【例题 3.9】 某住宅建筑基础工程施工过程中，某控制期的开始日期为 6 月 20 日、结束日期为 7 月 20 日，控制期为期 30 天。施工现场机动翻斗车的装备信息是：6 月 20 日之前已装备 2 台机动翻斗车，租赁单价是 86 元/(台·天)，2 台机动翻斗车装备在施工现场直至竣工；7 月 3 日又进场了 1 台机动翻斗车，租赁单价是 100 元/(台·天)，于 7 月 18 日退场。请计算控制期内发生的实际机动翻斗车租赁费用。

解：

实际机动翻斗车租赁费 $= 2 \times 30 \times 86 + 1 \times 16 \times 100 = 6760$(元)

3.4.5 实际现场包干费测量

实际现场包干费是控制期内对应于实际进度的实际支出的现场包干费用。针对实际现场包干费的测量方法，只要将每次支出的现场包干费如实地记录下来并汇总成台账，则根据台账可以计算出控制期内支出的实际现场包干费。

3.5 工程示例

接着第 2 章的工程示例，根据现有施工条件及所拟定的施工技术方法，施工项目经理部的相关人员开展协同工作，取得了如下成果：

1) 构建了住宅建筑基础工程工作分解结构

首先，通过施工总平面深化设计，得出了还需要通过现场施工砌筑 4.3 m³ 工地围墙的结论；其次，根据投标文件中已明确的分部分项工程量清单和措施项目清单，通过深化施工技术和组织方案，构建了施工项目工作分解结构；第三，拟定了施工组织方案。

2) 拟定分包方案

根据资源可获得性限制，拟定了住宅建筑基础工程的分包方案。

3) 拟定项目内施工资源配置方案

施工项目经理部相关人员讨论了完成施工任务对施工能力的要求，结合所拟定的分包方案，根据资源可获得性限制，拟定了项目内施工资源配置方案。

4) 确定了成本分解结构及费用控制要点

将施工项目成本分解为分包工程费、实体材料费、现场施工费等费用项目,并分别拟定了相应的费用控制要点。

为了规范施工项目成本计划和控制工作,并能给相关职能岗位的管理人员提供标准化的决策支持信息,本章工程示例主要示意了施工项目成本计划和控制指标体系的应用,相应的计划和控制报表详见表3.14～表3.25。

表3.14 施工项目预期收支对比表

项目名称:住宅建筑基础工程　　　　　　　　　　截止日期:

费用项目	期末造价	期末累计成本	期末计划成本	项目利润	项目利润率
一、分包工程费					
小计					
二、实体材料费					
小计					
三、现场施工费					
1. 项目内人工费					
2. 项目内周转材料费					
3. 项目内机械费					
4. 现场性费用					
小计					
四、企业提成					
1. 企业管理费					
2. 预算利润					
3. 工程利润					
小计					
五、规费税金					
1. 规费					
2. 税金					
小计					
合计					

表 3.15 施工项目成本计划汇总表

项目名称:住宅建筑基础工程　　　　　　　　　　　控制期:

序号	费用项目	期末计划成本	本期实际成本	期初计划成本	成本动态差异
1	分包工程费				
2	实体材料费				
3	现场施工费				
	合　　计				

表 3.16 分包工程费计划明细表

项目名称:住宅建筑基础工程　　　　　　　　　　　控制期:

序号	分包商名称	期末计划成本	本期实际成本	期初计划成本	成本动态差异
1	分包商(1)				
2	分包商(2)				
3	分包商(X)				
	合　　计				

表 3.17 实体材料费计划明细表

项目名称:住宅建筑基础工程　　　　　　　　　　　控制期:

序号	材料名称	单位	期末计划成本			本期实际成本			期初计划成本			动态差异
			数量	单价	费用	数量	单价	费用	数量	单价	费用	
	合　　计											

表 3.18 现场施工费计划明细表

项目名称:住宅建筑基础工程　　　　　　　　　　　控制期:

序号	施工资源名称	单位	期末计划成本			本期实际成本			期初计划成本			动态差异
			数量	单价	费用	数量	单价	费用	数量	单价	费用	
	合　　计											

表 3.19 成本费用累计表

项目名称:住宅建筑基础工程

控制期	开始	结束	期末计划	期内实际	实际差异	期初计划	动态差异
0							
1							
X							

表 3.20 控制期成本差异分析汇总表

项目名称:住宅建筑基础工程　　　　　　　　　　　　　　　控制期：

费用项目	实际成本	计划成本	成本差异	数量差异	价格差异

表 3.21 控制期分包工程费差异分析明细表

项目名称:住宅建筑基础工程　　　　　　　　　　　　　　　控制期：

序号	分包商名称	实际成本	计划成本	成本差异
1				
2				
X				
	合　　计			

表 3.22 控制期实体材料费差异分析明细表

项目名称:住宅建筑基础工程　　　　　　　　　　　　　　　控制期：

序号	材料名称	单位	实际成本			计划成本			成本差异	数量差异	价格差异
			数量	单价	费用	数量	单价	费用			
1											
X											
	合　计										

表 3.23　控制期现场施工费差异分析明细表

项目名称：住宅建筑基础工程　　　　　　　　　　　　　　控制期：

序号	资源名称	单位	实际成本			计划成本			成本差异	数量差异	价格差异
			数量	单价	费用	数量	单价	费用			
1											
X											
	合　计										

本章小结

　　本章讨论了基于集成管理模式的施工项目成本计划和控制指标体系，主要内容包括：计划和控制工作对指标体系的要求、指标体系的基本框架、具体指标的计算方法、实际成本的测量等。

　　本章的重点是施工项目成本计划和控制指标体系的概念、基本框架以及具体指标的计算方法。

习　题

3-1　单选题

1. 如果单纯从（　　）的角度观察，针对施工项目成本的计划和控制过程，其实就是采用一定的计划和测量方法，分别确定施工项目成本计划和控制指标体系中相关指标的指标值的过程。

　　A. 成本计划　　　B. 成本监测　　　C. 信息处理　　　D. 成本控制

2. 为了提高管理工作的系统性和可操作性，实现标准化管理，必须设计一套适用于施工项目成本计划和控制工作的指标体系，一方面可据此规范施工项目成本计划和控制过程的信息处理工作，另一方面作为一种标准化了的（　　）的表达形式，可据此更加有效地为管理者提供决策信息支持。

　　A. 成本计划内容　B. 成本监测结果　C. 管理流程信息　D. 决策支持信息

3. 项目总成本用于动态地反映施工项目的预期施工总费用，基于某个控制期末对应于未完工程的计划，项目总成本一般由（　　）和截止到控制期末已发生的实际成本累计两部分构成。

　　A. 期末计划成本　B. 期末实际成本　C. 期末材料费用　D. 期末资源费用

4. 从（　　）的角度看，虽然施工项目经理部使用本企业内部的施工机械，但是,考虑到企业内部的施工机械也具有对外出租以获取租金收入的机会,所以,即使采用企业内部的施工机械,其费用核算也应采用租用方式。

A. 成本核算　　B. 投资收益　　C. 企业管理　　D. 项目管理

5. 期内计划成本用于反映施工过程中某个控制期内对应于（　　）的计划成本。

A. 实际进度　　B. 计划进度　　C. 进度计划　　D. 实际耗费

6. 为了满足施工项目收支对比的要求,需要将构成（　　）的费用按施工项目成本核算的口径重新组合,使施工项目的收入和支出具有可比性。

A. 工程造价　　B. 施工费用　　C. 管理费用　　D. 规费税金

7. 所谓施工项目实际成本测量,是指为了核算控制期内的实际成本,针对施工项目成本的各项要素开展的包括（　　）和统计汇总在内的现场统计工作。

A. 统计分类　　B. 统计分析　　C. 实时记录　　D. 调查记录

8. 实际分包工程费测量是计算控制期内对应于实际进度的基于（　　）的实际分包工程费用,目的是为总承包企业和分包商通过协商确定控制期实际结算分包工程费提供决策支持。

A. 分包方案　　B. 分包施工　　C. 分包合同　　D. 分包内容

9. 实际项目内施工资源费是实际发生在施工过程中某控制期内由总承包企业负责提供的人工、机械和周转材料等的费用,其大小通常取决于控制期内实际发生的对施工资源的（　　）和相应的计时（租赁）单价。

A. 配置强度　　B. 损耗数量　　C. 采购数量　　D. 时间占用

10. 基于控制期末根据变化了的计划条件编制的对应于未完工程的新计划,用于反映施工项目经本期施工导致的成本总水平变动趋势的指标,一般被称为（　　）。

A. 期末成本动态差异　　　　B. 期内成本动态差异
C. 项目成本总体差异　　　　D. 项目成本动态差异

3-2 填空题

1. 施工项目成本计划和控制所涉及的管理信息,如施工项目计划成本信息、经测量获得的（　　　　）信息、成本差异信息等,其内容、表现形式及相互关系,均必须通过预先设计好的指标体系来加以规范。

2. 借助于施工项目成本计划和控制指标体系,首先可规定施工项目（　　　　）的具体内容;其次可规定需要收集和汇总的（　　　　）的具体内容;第三,可据此规定需要进行（　　　　）的具体内容,为分析控制期内的成本差异以及控制期末的成本变动趋势等信息创造条件。

3. 集成管理的主要特点是（　　　　），强调计划和控制的循环互动，并随着变化了的主客观条件，将这种循环互动贯穿于施工全过程。

4. 为了系统地监测和评估项目状态，集成管理强调将（　　　　）相结合。

5. 虽然项目经理负责制决定了施工项目经理部只能是施工企业的成本中心，但是，施工项目存在很多不确定因素，施工过程往往会因变更导致承包范围的变化，承包范围的变化不仅会引起（　　　　）的变化，也会导致承包造价的增减。

6. 根据不同的综合程度，指标体系一般包括明细指标和汇总指标两个层次。明细指标用于支持对施工过程进行分析、评估和重新计划等（　　　　）管理工作，汇总指标的主要作用是向施工企业的高层管理者或业主代表报告施工项目成本的实际状况及其变动趋势。

7. 由于施工过程客观上存在着（　　　　），施工项目的范围、适用的技术方法、组织措施、生产要素价格等计划条件往往会因工程变更处于不断的变化之中，所以，必须根据变化了的计划条件定期核算项目总成本。

8. 为了在某个控制期末准确地估算项目总成本中的实体材料费，必须立足于控制期末的计划条件，首先计算截止到控制期末已经实际发生的（　　　　）以及相应的材料消耗量；其次，根据当前预测的实体材料价格水平计算控制期末对应于未完工程的计划实体材料费。

9. 由于施工过程中施工资源的配置强度、使用时间和单价通常会随着新的计划条件不断地变化，所以，项目总成本中的项目内施工资源费一般由两部分组成，其一是截止到控制期末已经发生的（　　　　），其二是根据控制期末对应于未完工程的资源需求直方图计算的计划资源费用。

10. 为了综合地描述控制期内发生的耗费量差异和价格差异对期内成本差异的影响程度，根据（　　　　）原理，提出了对应于期内成本差异的耗费量差异和价格差异两个指标的计算方法。

3-3　计算题

1. 某住宅建筑基础工程，其中"砌筑标准砖条形基础"的实物工程量为 40 m³，计价定额规定的标准砖消耗标准为 5.22 百块/m³，经实际成本测量得，开工后第一个控制期内实际消耗了标准砖 52.2 百块，相应的实际价格为 32 元/百块，基于第一个控制期末的市场预测，今后标准砖的价格估计为 36 元/百块，请计算基于第一个控制期末的基础工程施工所需发生的标准砖总费用。

2. 某住宅建筑基础工程施工过程，开工后第一个控制期为期 20 天，控制期实际进度见表 1，原成本计划的基本信息是：(1) 分项工程"砌筑标准砖条形基础"的实物工程量为 30 m³，计价定额规定的标准砖消耗标准为 522 块/m³，标准砖的计划价格为0.3元/块;(2)施工现场计划配置3台机动翻斗车作为运输工具,机动翻斗车的计划租赁单价为86元/(台·天),另外,原计划工期内每天平均需要支出的现场包干费用的计划值为400元;(3)土方工程采用专业分包,合同类型为固定总价合同,分包合同造价67 378.2元,合同造价的计算依据见表2。请计算第一个控制期内对应于实际进度的计划标准砖、机动翻斗车、分包工程和现场包干等费用。

表1 控制期实际进度表

定额编号	计价定额名称	单位	实际完成工程量
3-1	标准砖条形基础	m³	20
1-23	人工挖基槽	m³	600
1-92	人力车运土50 m	m³	600
1-95×2	人力车运土500 m内每增加50 m	m³	600

表2 土方工程分包合同造价计算依据表

定额编号	计价定额名称	单位	工程量	单价	合价
1-23	人工挖基槽	m³	600	40	24 000
1-92	人力车运土50 m(运出)	m³	600	20	12 000
1-95×2	人力车运土500 m内每增加50 m(运出)	m³	600	15	9 000
1-1	人工挖一类土	m³	380	5.89	2 238.2
1-92	人力车运土50 m(运回)	m³	380	20	7 600
1-95×2	人力车运土500 m内每增加50 m(运回)	m³	380	15	5 700
1-104	基槽回填土	m³	380	18	6 840
	合 计				67 378.2

注:本表中"单价"和"合价"的计量单位均为"元"。

3-4 思考题

1. 通过实地调研,了解我国施工企业采用的施工项目成本计划和控制指标体系,并与本课程介绍的指标体系进行对比,分析两者之间的主要差异,写出研究报告。

2. 通过实地调研,了解我国施工企业采用的针对施工项目实际成本的测量方法,评估其有效性,并分析为确保本课程介绍的实际成本测量方法的有效性,实际统计工作中对记录数据(包括实际进度、实体材料供应及库存、施工机械进退场等)的精准度要求,按重要性进行排序并说明原因。

第4章　施工项目成本计划

教学目标

主要讲述基于集成管理模式的施工项目成本计划一般原理、相关职能岗位之间信息交互的具体内容、主要职能岗位的计划方法。通过本章学习,达到以下目标:

(1) 了解施工项目成本计划工作一般原理;
(2) 掌握相关职能岗位的计划工作方法;
(3) 掌握成本估算方法。

教学要求

知识要点	能力要求	相关知识
施工项目成本计划工作一般原理	(1) 了解基于协同工作的施工项目成本计划一般原理; (2) 掌握施工项目成本计划工作过程中相关职能部门信息交互的主要内容; (3) 掌握施工项目成本计划工作流程	(1) 基于集成管理模式的施工项目成本计划强调全面性和全过程性,因此,计划过程需按协同工作方式开展,基于协同工作方式的计划过程对相关职能岗位的工作提出更高要求; (2) 协同工作是基于信息交互的、将相关职能岗位的工作关联起来的工作方式,相关职能岗位的计划过程均包括信息的输入、处理、面向本部门的输出以及面向协同平台的输出; (3) 相关职能岗位的计划工作还必须依据既定的工作流程,以实现全过程计划的目的
承包工程造价计价	(1) 了解工程量清单计价的一般原理; (2) 了解工程变更和调价因素对承包工程造价的影响; (3) 了解调整合同价款的方法; (4) 了解价款结算方法	(1) 工程量清单是用于描述承包任务的明细清单,包括分部分项、措施项目、其他项目等清单内容; (2) 工程量清单计价是分别计算清单项目综合单价的过程; (3) 就施工企业而言,清单计价包括投标报价、价款调整、价款结算等
施工项目进度及资源计划方法	(1) 掌握构建施工项目工作分解结构的方法; (2) 掌握网络计划技术; (3) 了解拟定分包方案的方法; (4) 掌握编制资源计划的方法	(1) 构建施工项目工作分解结构的目的是形成基于网络图的项目范围; (2) 通过网络分析可以得到施工项目进度计划; (3) 结合分包方案,可以编制基于计划进度的施工项目资源需求计划
估算施工项目成本	(1) 了解资源和材料需求指标; (2) 掌握确定人工单价的方法; (3) 掌握确定机械单价的方法	(1) 施工项目成本的估算方法是将量和价相乘并汇总; (2) 估算成本就是确定量和价指标

基本概念

施工项目成本计划过程的信息交互、承包工程造价计价的动态性、施工项目进度及资源计划、增加搭接时距最大值设置的单代号搭接网络、确定人工单价的一般原则、分包方案及其表达方式、确定施工机械和周转材料租赁单价的静态方法、确定施工机械和周转材料租赁单价的动态方法。

引 例

施工项目成本的大小取决于怎样施工,相应地,成本估算必须基于全方位施工决策,反过来,施工决策需要依赖于全过程成本监测。基于对施工项目成本、成本估算、施工决策以及成本监测的认识,提出了施工项目成本计划过程是一种基于施工决策的、全面的、动态的计划过程。首先是全面性,必须将相关职能部门的计划工作关联起来,实现基于信息共享的协同工作;其次是全过程性,必须设计一套计划工作流程,据此将计划工作贯穿于施工全过程;第三,对应于计划过程的全面性和全过程性,相关职能岗位的计划工作方法也必须做出相应的调整。

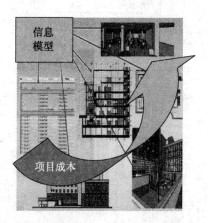

图 4.1 施工项目成本计划过程示意图

4.1 施工项目成本计划工作一般原理

施工项目成本是一个变量,其大小取决于怎样施工,因此,降低施工项目成本的有效途径是合理地安排施工,相应地,相对于传统的施工项目成本计划方法,基于集成管理模式的施工项目成本计划工作的一般原理,强调计划的全面性和全过程性。

全面计划的基本理念是:只有通过全方位施工决策,合理定义项目范围、拟定进度及资源计划、拟定分包方案、拟定采购方案等,才能据此准确估算施工项目成本。相应地,就计划方法而言,全面计划强调将成本计划与造价、进度、资源、采购等职能环节的计划工作关联起来,通过基于信息交互的协同工作,实现各控制目标之间的统筹平衡。

全过程计划的基本理念是:由于受变更事件的影响,导致施工过程通常处于不断的变化之中,为此,只有通过全过程成本监测,获得实时的施工项目成本信息,并反馈给相关职能岗位的管理者,支持其根据变化了的条件做出新的决策,据此,施工过程中需不断地估算对应于未完施工任务的成本。相应地,就计划方法而言,全过程计划强调根据变化了的计划条件,将成本计划工作贯穿于施工全过程。

4.1.1 协同工作

协同工作的基本原理如图 4.2 所示,通过基于信息共享的协同工作,实现各控制目标之间的统筹平衡,并据此估算施工项目成本。

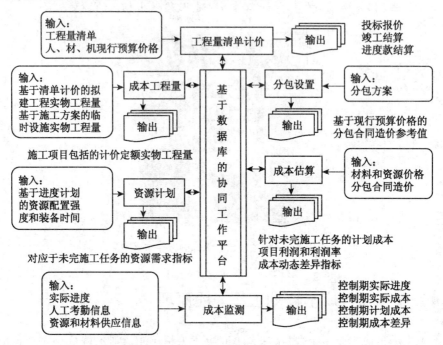

图 4.2 基于协同工作的施工项目成本计划示意图

1) 工程量清单计价

工程量清单计价的主要任务是计算承包工程造价,据此给投标报价、结算进度款和办理竣工结算等提供决策支持。从动态的角度看,作为报价竞争时拟定的预期价格,投标报价其实是竣工结算的一个特例,目的均是确定工程造价,进度款结算是按施工合同的约定,计算对应于结算期完成的实物工程量的造价,目的是据此向业主结算进度款。

(1) 输入:编制投标报价时,输入施工合同条件、业主提供的工程量清单、相应的计价定额工程量、计价定额规定的消耗量标准、现行预算价格等;编制竣工结算时,除了输入有关施工合同的信息外,还需输入施工过程中发生的变更签证、调价依据、施工索赔和实际价格等资料;编制进度款结算时,除了输入有关施工合同的信息外,还必须调用经过成本监测产生的当期实际进度,即当期完成施工任务的实物工程量,并输入当期发生的变更签证、调价依据、施工索赔和实际价格等资料。

(2) 主要处理过程:采用定额计价和费率计价等技术方法计算工程造价。

(3) 面向本部门的输出:投标报价(竣工结算)或进度款结算文件。

(4) 面向协同平台的输出:拟建工程的工程量清单及相应的计价定额工程量、实体材料消耗量,对应于计价定额工程量的人工费、材料费、机械费、管理费、利润等明细信息,相关措施费的明细信息。

2) 计算成本工程量

计算成本工程量的主要任务是:首先,基于清单计价过程得到拟建工程的计价定额实物工程量,通过针对拟建工程的深化设计和工程量复核调整拟建工程定额工程量;其次,拟定施工方案,针对需经过现场施工才能获得的临时设施,按施工方案计算临时设施的计价定额实物工程量;最后,通过必要的分组和汇总,形成施工项目包括且需要完成的计价定额实物工程量表,完成对施工项目范围的定义。

(1) 输入:基于清单计价过程的拟建工程计价定额实物工程量、施工现场条件、拟定的施工方案、基于施工方案的临时设施设计资料。

(2) 主要处理过程:计价定额工程量的计算和复核。

(3) 面向本部门的输出:施工项目包括且需要完成的计价定额实物工程量表。

(4) 面向协同平台的输出:施工项目包括且需要完成的计价定额实物工程量表。

3) 分包设置

分包设置的主要任务是拟定分包方案,包括选择分包商、确定分包合同类型、明确分包范围和分包内容等,基于拟定的分包方案,计算由分包商承担的资源和材料的数量,并根据清单计价过程的价格信息,估算基于资源和材料预算价格的分包合同造价作为参考,以便于通过询价或协商最终确定分包合同造价。

(1) 输入:清单计价过程采用的价格水平、成本工程量计算的结果、本企业施工能力的限制、企业认可的分包商名录等。

(2) 主要处理过程:选择分包商、确定分包合同类型、明确分包范围和分包内容等。

(3) 面向本部门的输出:拟定的分包方案。

(4) 面向协同平台的输出:拟定的分包方案、基于资源和材料预算价格的分包合同造价。

4) 进度及资源计划

进度及资源计划的主要任务是拟定施工项目进度计划、配置按计划进度施工必需的施工资源、据此编制对应于进度计划的资源需求计划等。从动态的角度看,编制进度及资源计划必须立足于施工过程中的某个控制期末,根据变化了的计划条件,拟定对应于控制期末未完工程的进度计划及相应的资源需求计划。

(1) 输入:成本工程量计算的结果、经成本监测得到的累计已完工程量、施工技术和组织方面要求、资源可获性限制、合同工期、拟定的分包方案等。

(2) 主要处理过程:构建施工项目工作分解结构、编制网络图并分析计算、编制进度计划和相应的资源需求直方图。

(3) 面向本部门的输出:控制期末未完工程的进度计划图表、相应资源需求直方图。

(4) 面向协同平台的输出:对应于进度计划的资源需求直方图。

5) 成本估算

成本估算的主要任务是估算分包工程费、实体材料费、现场施工费,并按施工项目成本计划和控制指标体系的要求计算相应的指标值,编制计划和控制报表。从动态的角度看,成本估算必须立足于施工过程中的某个控制期末,根据工程量清单计价、成本工程量计算、分包设置、进度及资源计划等的工作成果,估算对应于控制期末未完工程的计划成本,计算相应的成本计划和控制指标值。

(1) 输入:包括工程量清单计价、成本工程量计算、分包设置、进度及资源计划等计划工作在内的成果,分包合同报价,由总承包企业自行承担的人工、材料、机械等的价格,经过成本监测得到的实际进度和实际成本信息。

(2) 主要处理过程:首先确定基于分包方案的分包合同造价并汇总成分包工

程费,调用经成本监测获得的已结算分包工程费,据此计算期末分包工程费;其次调用经成本工程量计算得到的施工项目包括的计价定额工程量,结合分包方案计算由总承包施工企业自行承担的实体材料总消耗量,调用经成本监测获得的实际实体材料消耗量累计,并结合当期价格水平计算期末实体材料费;第三,根据进度及资源计划的结果,结合当期资源价格水平,计算由总承包企业自行承担的期末计划施工资源费,即项目内施工资源费;第四,按期末资源费的计算方法计算期末现场包干费;第五,调用经清单计价过程得到的工程造价及其费用明细信息,计算项目利润和利润率;第六,计算控制期末成本动态差异指标。

(3) 面向本部门的输出:控制期末对应于未完工程的期末计划成本、项目总成本、控制期末的项目利润和利润率、控制期末对应于未完工程的成本动态差异。

(4) 面向协同平台的输出:控制期末的施工项目成本计划和控制指标、计划和控制指标的计算依据。

6) 成本监测

成本监测的主要任务是,测量并记录施工项目在控制期内的实际进度、对应于实际进度的实际成本、计算控制期成本差异指标。

(1) 输入:控制期实际完成的计价定额实物工程量;区分不同供应商输入控制期实体材料供应信息(包括时间、批次数量、价格等),并于控制期末输入实体材料库存量;区分不同供应商输入控制期施工机械和周转材料进(退)场信息(包括进退场时间、批次数量、价格等);区分不同工种输入人工出勤信息(包括日期、班次、工作时间、病假、事假、因气候条件导致的停工时间等)。

(2) 主要处理过程:采用会计核算、统计核算以及业务核算等方法,计算控制期内对应于实际进度的实际成本和计划成本指标,并计算控制期内成本差异指标。

(3) 面向本部门的输出:控制期实际进度、对应于实际进度的实际成本和计划成本、控制期成本差异等指标,控制期末资源和材料的库存数量及其相应的单价。

(4) 面向协同平台的输出:控制期实际进度、对应于实际进度的实际成本、对应于实际进度的计划成本、期内成本差异等指标。

4.1.2 计划工作流程

集成管理理论强调项目计划和控制之间的循环互动,就施工项目成本计划方法而言,如图4.3所示,基于成本监测反馈的信息,要求随着变化了的主客观条件,不断地编制控制期末对应于未完工程的成本计划,一方面用于指导下阶段的施工作业,另一方面作为下阶段成本控制的依据。

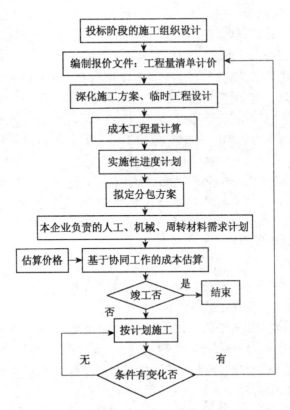

图 4.3 基于集成管理模式的施工项目成本计划工作流程示意图

4.2 承包工程造价计价

4.2.1 承包工程造价的基本概念

1) 概念

就业主而言,工程造价是发生在工程项目建设过程中的全部一次性费用。工程项目是将资金转化成资产的一次性活动过程,作为业主直接投资的第一个环节,为获得投资所需的固定资产,须借助于工程项目。建设过程主要是业主采购社会资源的过程,由于业主通常并不具备将资金转化成资产的建设能力,所以,必须通过市场采购组合必要的社会资源,并据此完成建设任务。业主采购社会资源的费用加上自行建设的费用就是业主方的工程造价。

就施工企业而言,作为业主采购社会资源的重要组成部分,施工企业的施工劳务一般是在承发包体制下完成交易的,交易过程中,业主采购施工企业的施工劳务为其完成指定工程的施工任务并为此支付费用,施工企业受业主的委托对指定工程承包施工并对质量负责,承包工程造价是业主采购施工企业的施工劳务为其完成指定工程的施工任务,按施工合同的约定,必须支付给施工企业的劳务报酬,是一种价格。

2) 费用构成

承包工程造价作为施工劳务这种特殊商品的价格,按构成商品价格的一般原理分类,可以被划分成制造成本(直接费、现场管理费)、期间费用(企业管理费、规费)、利润和流转税税金等费用。

对于国有资金投资项目,由于政府作为项目的业主方,所以有必要对投资的使用进行直接管理,作为管理措施之一,需要统一承包工程造价的费用划分标准。

原建设部颁布的[2003]206号文,适用于全国范围内的所有工程项目,文件规定了承包工程造价由直接费、间接费、利润、税金等费用组成。

(1) 直接费:直接发生在承包工程施工过程中的费用。按生产要素不同分为人工费、材料费、机械费;按施工任务的不同性质分为直接工程费(对应于实体性施工任务)和措施费(对应于措施性施工任务)。

(2) 间接费:间接发生在承包工程施工过程中的费用,由管理费和规费组成。管理费是施工企业为施工准备、组织和管理施工过程以及间接为施工过程提供服务而发生的费用;规费是指按权力部门的规定施工企业必须向其缴纳的费用。

(3) 利润:施工企业期望获得的利润。

(4) 税金:包括营业税、城市建设维护税、教育费附加等流转税税金。

根据2013版《建设工程工程量清单计价规范》的规定,承包工程造价由"分部分项工程费""措施项目费""其他项目费""规费"和"税金"等费用项目组成。

(1) 分部分项工程费:完成承包工程包括实体性施工任务所需的人工费、材料费、工程设备费、施工机具费以及分摊的管理费、利润。

(2) 措施项目费:完成承包工程包括措施性施工任务所需的人工费、材料费、工程设备费、施工机具费以及分摊的管理费、利润。

(3) 其他项目费:包括暂列金额、暂估价、计日工和总承包服务费等费用。

(4) 规费:是指按权力部门的规定施工企业必须向其缴纳的费用。

(5) 税金:包括营业税、城市建设维护税、教育费附加等流转税税金。

4.2.2 承包工程造价计价一般方法

为了合理分配施工风险,我国实行工程量清单计价模式。基于工程量清单计价模式的承包工程计价过程的一般程序是:首先,业主编制招标工程的工程量清单

(招标工程量清单,作为招标文件的组成部分),用于向施工企业描述承包施工任务;其次,施工企业分别就招标工程量清单包括的每一项承包施工任务计算(报出)单价,并据此汇总承包工程造价作为承包施工的期望价格;第三,业主通过对投标文件的评审选择中标单位;第四,通过和中标单位协商,确定施工合同造价,值得注意的是,基于清单计价模式的施工合同类型一般采用单价合同,相应的合同造价原则上就是中标价;最后,施工过程中按合同约定,可以根据所出现的"调价"因素调整工程量及相应的单价,并据此计算竣工结算造价。

1) 招标工程量清单

作为招标文件的重要组成部分,招标工程量清单是业主向施工企业描述招标工程的分部分项工程项目、措施项目、其他项目、规费项目和税金项目的名称和相应数量的明细清单。

招标工程量清单的具体内容包括:

(1) 分部分项工程项目:用于描述招标工程包括的实体性施工任务。

(2) 措施项目:用于描述招标工程包括的措施性施工任务。

(3) 其他项目:用于描述招标工程包括的暂列金额、暂估价、计日工以及总承包服务费等的具体内容。其中,暂列金额是招标人在工程量清单中暂定并包括在合同价款中的一笔款项,用于施工合同签订时尚未确定或者不可预见的所需材料、设备、服务的采购,施工中可能发生的工程变更,合同约定调整因素出现时的工程价款调整以及发生的索赔、现场签证确认的费用;暂估价是招标人在工程量清单中提供的用于支付必然发生的但暂时不能确定价格的材料的单价以及专业工程的金额;计日工是施工企业在施工过程中完成发包人提出的施工图以外的零星项目或工作,按合同约定必须由业主支付的费用;总承包服务费是总承包人为配合协调发包人进行工程分包以及自行采购设备和材料等工作,所提供的资源、现场管理、竣工资料汇总整理等服务所需的配合费用。

(4) 规费项目和税金项目:根据政府规定必须计取的费用。

招标工程量清单必须按《建设工程工程量清单计价规范》和相关专业的"工程量计算规范(如房屋建筑与装饰工程工程量计算规范)"的规定编制。

"规范"中关于编制分部分项工程量清单的有关规定包括:

(1) 必须按"规范"附录的规定进行具体项目的划分和相应的工程量计算。

(2) 每个清单项目必须包括项目编号、项目名称、特征描述、计量单位、工程数量等五项内容。

(3) 项目编号为12位数,其中前9位是规范编号,后3位是特征位,特征位应连续,不能重复和跳空。

(4) 项目特征应根据"规范"附录规定的内容并结合拟建工程实际进行描述,

以满足确定综合单价的需要。

实际工作中,描述项目特征的原则是:

◇ 必须描述的内容:包括涉及正确计量的内容、涉及结构要求的内容、涉及材质要求的内容以及涉及安装方式的内容等。

◇ 可不描述的内容:包括对计量计价没有实质影响的内容、由投标人根据当地材料和施工要求确定的内容、由施工措施解决的内容等。

◇ 可不详细描述的内容:包括无法准确描述的内容、施工标准图注明的内容等。

"规范"中关于编制措施项目清单的有关规定:

(1) 按"规范"规定的项目名称划分措施项目分别进行清单编制,编制时如果遇到缺项则由编制人补充。

(2) 针对"总价措施项目",用"项"为计量单位进行编制。

(3) 针对"单价措施项目",则采用分部分项工程量清单格式进行编制。

2) 工程量清单计价

工程量清单计价是对招标工程量清单中不同清单项目的施工费用进行预测、计算和评估,并据此分别确定清单项目综合单价的过程。

综合单价是指完成招标工程量清单中一个规定计量单位清单项目的施工任务所需发生的人工费、材料费、机械费和应分摊的管理费、利润,计算这些费用时还必须考虑施工企业承担的风险因素。

目前国内确定综合单价的方法,主要包括"基于计价定额的单价估算法"和"基于费率的取费估算法"。其中,"基于计价定额的单价估算法"主要适用于清单项目所包含的工程内容可以用计价定额的实物工程量计量的情况,"基于费率的取费估算法"主要适用于清单项目不能用实物工程量计量且所包含的工程内容也无法用计价定额计量的情况。

(1) 基于计价定额的单价估算法:计算方法如公式(4-1)所示。

$$综合单价 = \frac{\sum 计价定额工程量 \times 定额单价}{清单工程量} \quad (4-1)$$

式中:计价定额工程量——按计价定额的规定计算的工程量;

定额单价——基于现行价格水平计算的计价定额单价,江苏省计价定额采用综合单价形式;

清单工程量——按"工程量计算规范"计算的清单项目的工程量。

(2) 基于费率的取费估算法:计算方法如公式(4-2)所示。

$$综合单价 = (分部分项工程费 + 单价措施项目费) \times 取费率 \quad (4-2)$$

式中：分部分项工程费合计——来源于分部分项工程量清单计价表；

取费率——来源于主管部门的规定或企业内部标准。

4.2.3 投标报价

1) 投标报价的概念

投标人对承包工程提出的期望价格。

2)《建设工程工程量清单计价规范》对编制投标报价的有关规定

(1) 投标价由投标人自主确定,但不能低于成本。

(2) 投标报价时,分部分项工程量清单是"闭口清单",投标人对招标人提供的分部分项工程量清单不得任意调整和修改,只能按清单填报综合单价。

(3) 投标报价时,措施项目清单是"开口清单",投标人可以根据施工方案对招标人提出的措施进行必要的增补。

4.2.4 工程价款调整的原则性规定

根据2013版《建设工程工程量清单计价规范》(以下简称本规范)的规定,承包工程施工过程中,如发生下列事项(但不限于),发承包双方应当按照合同约定调整合同价款：

◇ 法律法规变化

◇ 工程变更

◇ 项目特征不符

◇ 工程量清单缺项

◇ 工程量偏差

◇ 计日工

◇ 物价变化

◇ 暂估价

◇ 不可抗力

◇ 提前竣工(赶工补偿)

◇ 误期赔偿

◇ 索赔

◇ 现场签证

出现合同价款调增事项(不含工程量偏差、计日工、现场签证、索赔)后的14天内,承包人应向发包人提交合同价款调增报告并附上相关资料；承包人在14天内未提交合同价款调增报告的,应视为承包人对该事项不存在调整价款请求。

出现合同价款调减事项(不含工程量偏差、索赔)后的14天内,发包人应向承包人提交合同价款调减报告并附相关资料;发包人在14天内未提交合同价款调减报告的,应视为发包人对该事项不存在调整价款请求。

发(承)包人应在收到承(发)包人合同价款调增(减)报告及相关资料之日起14天内对其核实,予以确认的应书面通知承(发)包人。当有疑问时,应向承(发)包人提出协商意见。发(承)包人在收到合同价款调增(减)报告之日起14天内未确认也未提出协商意见的,应视为承(发)包人提交的合同价款调增(减)报告已被发(承)包人认可。发(承)包人提出协商意见的,承(发)包人应在收到协商意见后的14天内对其核实,予以确认的应书面通知发(承)包人。承(发)包人在收到发(承)包人的协商意见后14天内既不确认也未提出不同意见的,应视为发(承)包人提出的意见已被承(发)包人认可。

发包人与承包人对合同价款调整的不同意见不能达成一致的,只要对发承包双方履约不产生实质影响,双方应继续履行合同义务,直到按合同约定的争议解决方式得到处理。

经发(承)包双方确认调整的合同价款,作为追加(减)合同价款,应与工程进度款或结算款同期支付。

1) 法律法规变化

招标工程以投标截止日前28天、非招标工程以合同签订前28天为基准日,其后因国家的法律、法规、规章和政策发生变化引起工程造价增减变化的,发承包双方应按照省级或行业建设主管部门或其授权的工程造价管理机构据此发布的规定调整合同价款。

因承包人原因导致工期延误的,基于上述规定的调整时间,在合同工程原定竣工时间之后,合同价款调增的不予调整,合同价款调减的予以调整。

2) 工程变更

因工程变更引起已标价工程量清单项目或其工程数量发生变化时,应按照下列规定调整:

(1) 已标价工程量清单中有适用于变更工程项目的,应采用该项目的单价;但当工程变更导致该清单项目的工程数量发生变化,且工程量偏差超过15%时,该项目单价应按照本规范有关"工程量偏差"的规定调整。

(2) 已标价工程量清单中没有适用但有类似于变更工程项目的,可在合理范围内参照类似项目的单价。

(3) 已标价工程量清单中没有适用也没有类似于变更工程项目的,应由承包人根据变更工程资料、计量规则和计价办法、工程造价管理机构发布的信息价格和承包人报价浮动率提出变更工程项目的单价,并应报发包人确认后调整。

承包人报价浮动率可按下列公式计算:

招标工程：

$$承包人报价浮动率 L=(1-中标价/招标控制价)\times100\%$$

非招标工程：

$$承包人报价浮动率 L=(1-报价/施工图预算)\times100\%$$

（4）已标价工程量清单中没有适用也没有类似于变更工程项目，且工程造价管理机构发布的信息价格缺价的，应由承包人根据变更工程资料、计量规则、计价办法和通过市场调查等取得有合法依据的市场价格提出变更工程项目的单价，并应报发包人确认后调整。

工程变更引起施工方案改变并使措施项目发生变化时，承包人提出调整措施项目费的，应事先将拟实施的方案提交发包人确认，并应详细说明与原方案措施项目相比的变化情况。拟实施的方案经发承包双方确认后执行，按下列规定调整措施项目费：

（1）安全文明施工费应按实际发生变化的措施项目依据本规范有关"安全文明施工费计价"的规定计算。

（2）采用单价计算的措施项目费，应按实际发生变化的措施项目，依据本规范有关"工程量清单项目或其工程数量发生变化的计价原则"的规定确定单价。

（3）按总价（或系数）计算的措施项目费，按照实际发生变化的措施项目调整，但应考虑承包人报价浮动因素，即调整金额按实际调整金额乘以本规范有关"工程量清单项目或其工程数量发生变化的计价原则"规定中的承包人报价浮动率计算。

如果承包人未事先将拟实施的方案提交给发包人确认，则应视为工程变更不引起措施项目费的调整或承包人放弃调整措施项目费的权利。

当发包人提出的工程变更因非承包人原因删减了合同中的某项原定工作或工程，致使承包人发生的费用或（和）得到的收益不能被包括在其他已支付或应支付的项目中，也未被包含在任何替代的工作或工程中时，承包人有权提出并应得到合理的费用及利润补偿。

3）项目特征不符

发包人在招标工程量清单中对项目特征的描述，应被认为是准确和全面的，并且与实际施工要求相符合。承包人应按照发包人提供的招标工程量清单，根据项目特征描述的内容及有关要求实施合同工程，直到项目被改变为止。

承包人应按照发包人提供的设计图纸实施合同工程，若在合同履行期间出现设计图纸（包括设计变更）与招标工程量清单任一项目的特征描述不符，且该变化引起该项目工程造价增减变化的，应按照实际施工的项目特征，按本规范有关"工程变更"的相关条款规定重新确定相应工程量清单项目的综合单价，并调整合同价款。

4) 工程量清单缺项

合同履行期间,由于招标工程量清单中缺项,新增分部分项工程清单项目的,应按照本规范有关"工程变更"的规定确定单价,并调整合同价款。

新增分部分项工程清单项目后,引起措施项目发生变化的,应按照本规范有关"工程变更"的规定,在承包人提交的实施方案被发包人批准后调整合同价款。

由于招标工程量清单中措施项目缺项,承包人应将新增措施项目实施方案提交发包人批准后,按照本规范有关"工程变更"的规定调整合同价款。

5) 工程量偏差

合同履行期间,对于任一招标工程量清单项目,当因招标工程量清单编制错误或因工程变更等原因导致工程量偏差超过 15% 时,可进行调整。当工程量增加 15% 以上时,增加部分的工程量的综合单价应予调低;当工程量减少 15% 以上时,减少后剩余部分的工程量的综合单价应予调高。

当因工程量变化引起相关措施项目相应发生变化时,按系数或单一总价方式计价的,工程量增加的措施项目费调增,工程量减少的措施项目费调减。

6) 计日工

发包人通知承包人以计日工方式实施的零星工作,承包人应予执行。采用计日工计价的任何一项变更工作,在该项变更的实施过程中,承包人应按合同约定提交下列报表和有关凭证送发包人复核:

(1) 工作名称、内容和数量;

(2) 投入该工作所有人员的姓名、工种、级别和耗用工时;

(3) 投入该工作的材料名称、类别和数量;

(4) 投入该工作的施工设备型号、台数和耗用台时;

(5) 发包人要求提交的其他资料和凭证。

任一计日工项目持续进行时,承包人应在该项工作实施结束后的 24 小时内向发包人提交有计日工记录汇总的现场签证报告一式三份。发包人在收到承包人提交现场签证报告后的 2 天内予以确认并将其中一份返还给承包人,作为计日工计价和支付的依据。发包人逾期未确认也未提出修改意见的,应视为承包人提交的现场签证报告已被发包人认可。

任一计日工项目实施结束后,承包人应按照确认的计日工现场签证报告核实该类项目的工程数量,并应根据核实的工程数量和承包人已标价工程量清单中的计日工单价计算,提出应付价款;已标价工程量清单中没有该类计日工单价的,由发承包双方按本规范有关"工程变更"的相关条款规定商定计日工单价计算。

7) 物价变化

承包人采购材料和工程设备的,应在合同中约定主要材料、工程设备价格变化的范围或幅度；没有约定的，当材料、工程设备单价变化超过5%时，超过部分的价格风险由发包人承担。

发生合同工程工期延误的，应按照下列规定确定合同履行期的价格调整：

(1) 因非承包人原因导致工期延误的，计划进度日期后续工程的价格，应采用计划进度日期与实际进度日期两者的较高者。

(2) 因承包人原因导致工期延误的，计划进度日期后续工程的价格，应采用计划进度日期与实际进度日期两者的较低者。

8) 暂估价

发包人在招标工程量清单中给定暂估价的材料、工程设备属于依法必须招标的，应由发承包双方以招标的方式选择供应商，确定价格，并应以此为依据取代暂估价，调整合同价款。

发包人在招标工程量清单中给定暂估价的材料、工程设备不属于依法必须招标的，应由承包人按照合同约定采购，经发包人确认单价后取代暂估价，调整合同价款。

发包人在工程量清单中给定暂估价的专业工程不属于依法必须招标的，应按照本规范有关"工程变更"的相应条款规定确定专业工程价款，并应以此为依据取代专业工程暂估价，调整合同价款。

发包人在招标工程量清单中给定暂估价的专业工程，依法必须招标的，应当由发承包双方依法组织招标选择专业分包人，并接受有管辖权的建设工程招标投标管理机构的监督，还应符合下列要求：

(1) 除合同另有约定外，承包人不参加投标的专业工程发包招标，应由承包人作为招标人，但拟定的招标文件、评标工作、评标结果应报送发包人批准。与组织招标工作有关的费用应当被认为已经包括在承包人的签约合同价（投标总报价）中。

(2) 承包人参加投标的专业工程发包招标，应由发包人作为招标人，与组织招标工作有关的费用由发包人承担。同等条件下，应优先选择承包人中标。

(3) 应以专业工程发包中标价为依据取代专业工程暂估价，调整合同价款。

9) 不可抗力

因不可抗力事件导致的人员伤亡、财产损失及其费用增加，发承包双方应按下列原则分别承担并调整合同价款和工期：

(1) 合同工程本身的损害、因工程损害导致第三方人员伤亡和财产损失以及运至施工场地用于施工的材料和待安装的设备的损害，应由发包人承担。

(2) 发包人、承包人人员伤亡应由其所在单位负责，并应承担相应费用。

(3) 承包人的施工机械设备损坏及停工损失，应由承包人承担。

(4) 停工期间,承包人应发包人要求留在施工场地的必要的管理人员及保卫人员的费用应由发包人承担。

(5) 工程所需清理、修复费用,应由发包人承担。

10) 提前竣工(赶工补偿)

招标人应依据相关工程的工期定额合理计算工期,压缩的工期天数不得超过定额工期的20%,超过者,应在招标文件中明示增加赶工费用;发包人要求合同工程提前竣工的,应征得承包人同意后与承包人商定采取加快工程进度的措施,并应修订合同工程进度计划;发包人应承担承包人由此增加的提前竣工(赶工补偿)费用;发承包双方应在合同中约定提前竣工每日历天应补偿额度,此项费用应作为增加合同价款列入竣工结算文件中,应与结算款一并支付。

11) 误期赔偿

承包人未按照合同约定施工,导致实际进度迟于计划进度的,承包人应加快进度,实现合同工期;合同工程发生误期,承包人应赔偿发包人由此造成的损失,并应按照合同约定向发包人支付误期赔偿费;即使承包人支付误期赔偿费,也不能免除承包人按照合同约定应承担的任何责任和应履行的任何义务;发承包双方应在合同中约定误期赔偿费,并应明确每日历天应赔额度;误期赔偿费应列入竣工结算文件中,并应在结算款中扣除;在工程竣工之前,合同工程内的某单项(位)工程已通过了竣工验收,且该单项(位)工程接收证书中表明的竣工日期并未延误,而是合同工程的其他部分产生了工期延误时,误期赔偿费应按照已颁发工程接收证书的单项(位)工程造价占合同价款的比例幅度予以扣减。

12) 索赔

承包人要求赔偿时,可以选择下列一项或几项方式获得赔偿:

(1) 延长工期。

(2) 要求发包人支付实际发生的额外费用。

(3) 要求发包人支付合理的预期利润。

(4) 要求发包人按合同的约定支付违约金。

发承包双方在按合同约定办理了竣工结算后,应被认为承包人已无权再提出竣工结算前所发生的任何索赔;承包人在提交的最终结清申请中,只限于提出竣工结算后的索赔,提出索赔的期限应自发承包双方最终结清时终止。

13) 现场签证

承包人应发包人要求完成合同以外的零星项目、非承包人责任事件等工作的,发包人应及时以书面形式向承包人发出指令,并应提供所需的相关资料;承包人在收到指令后,应及时向发包人提出现场签证要求。

承包人应在收到发包人指令后的7天内向发包人提交现场签证报告,发包人应在收到现场签证报告后的 48 小时内对报告内容进行核实,予以确认或提出修改意见。发包人在收到承包人现场签证报告后的 48 小时内未确认也未提出修改意见的,应视为承包人提交的现场签证报告已被发包人认可。

现场签证的工作如已有相应的计日工单价,现场签证中应列明完成该类项目所需的人工、材料、工程设备和施工机械台班数量。如现场签证的工作没有相应的计日工单价,应在现场签证报告中列明完成该签证工作所需人工、材料设备和机械台班的数量及单价。

合同工程发生现场签证事项,未经发包人签证确认,承包人便擅自施工的,除非征得发包人书面同意,否则发生的费用应由承包人承担。

现场签证工作完成后的 7 天内,承包人应按照现场签证内容计算价款,报送发包人确认后,作为增加合同价款,与进度款同期支付。

在施工过程中,当发现合同工程内容因场地条件、地质水文、发包人要求等不一致时,承包人应提供所需的相关资料,并提交发包人签证认可,作为合同价款调整的依据。

4.2.5 计算竣工结算造价

竣工结算是承发包双方就承包工程造价办理的财务清算。当承包工程完工并经验收合格后,首先由施工企业根据合同造价,并结合施工过程中发生的价款调整,采用承包工程造价计价方法编制竣工结算文件,向业主提出竣工结算造价估算值;其次,业主对施工企业提交的竣工结算文件进行审核,并委托具有相应资质的造价中介机构进行审核,经审核无误,提出经审核的竣工结算造价;最后,三方签字认可,作为办理财务清算的依据。

4.2.6 计算进度款

按施工合同约定的结算期限,业主必须就结算期内完成的施工任务向施工企业支付相应的工程价款,即进度款结算。进度款的计算方法,首先由施工企业调用通过成本监测工作获得的结算期内实际完成的施工任务,一般用清单项目及相应的计价定额工程量计量,并报监理工程师审核,其次根据合同造价并结合施工过程中发生的价款调整,采用承包工程造价计价方法计算相应的进度款,报造价工程师审核,最后由业主根据经审核无误的金额向施工企业支付进度款。

4.2.7 临时设施计价及基于收支对比要求的造价费用重构

为了计算"项目利润"和"项目利润率"指标,实现明细层面的施工项目收支对比,承包工程造价计价人员还必须进行临时设施计价,并据此对承包工程造价进行费用重构。

1) 临时设施计价

由于部分临时设施需经过现场施工才能获得,施工过程同样会发生分包工程费、实体材料费、现场施工费等成本费用,所以,为了使施工项目的收支具有明细层面的可比性,还必须调用经"计算成本工程量"获得的临时设施工程量,针对这些临时设施包括清单项目的计价定额工程量,按工程量清单计价方法计算对应于计价定额工程量的人工、材料、机械消耗量及相应的直接费明细,并通过费用汇总得到这些临时设施的直接费。

针对这些需经过现场施工才能获得的临时设施的计价工作纯粹是为了满足施工项目收支对比的需要,计价工作本身并不会影响针对承包工程计价的结果,也就是说,不会影响对业主的工程价款结算工作,然而,基于临时设施计价,人们可以对原承包工程造价进行费用重构,为进行明细层面的施工项目收支对比创造条件。

2) 基于收支对比要求的造价费用重构

作为对应于施工项目成本的资金来源,基于收支对比要求的造价费用重构方法如下:

(1) 计算现场管理费:为了满足施工项目收支对比的要求,需要将承包工程造价中已计取的管理费划分为现场管理费和企业管理费两个部分,基于对管理费实际使用的统计,计价人员可以获得作为企业内部标准的现场管理费率,并按公式(4-3)所示的方法计算现场管理费,相应地,企业管理费的计算方法如公式(4-4)所示。

$$现场管理费 = 承包工程造价中的管理费 \times 现场管理费率 \quad (4-3)$$

$$企业管理费 = 承包工程造价计价中的管理费 - 现场管理费 \quad (4-4)$$

(2) 计算企业提成及对应于企业提成的造价费用:从施工项目经理部的角度看,必须上缴给企业的提成是一种支出,属于施工项目成本,一般按公式(4-5)所示的方法计算;作为支出的资金来源,对应于企业提成的造价费用,可以按公式(4-6)所示的方法计算。

$$企业提成 = 承包工程造价 \times 企业提成率 \quad (4-5)$$

$$对应于企业提成的造价费用 = 企业管理费 + 造价计价时计取的利润 \quad (4-6)$$

(3) 计算对应于分包方案的造价费用:根据分包方案规定的分包范围和分包内容,采用原承包工程造价计价方法,按公式(4-7)所示的方法计算。

$$\text{分包造价费用} = \sum \text{分包工程量} \times \text{分包消耗量标准} \times \text{价格} \quad (4-7)$$

式中：**分包造价费用**——对应于分包方案的造价费用；

　　　分包工程量——属于分包范围内的计价定额工程量；

　　　分包消耗量变准——计价定额中属于分包内容的人工、材料、机械消耗量标准；

　　　价格——承包工程造价计价时采用的预算价格。

（4）计算对应于非分包实体材料的造价费用：基于原承包工程造价计价包括的计价定额工程量，结合分包方案规定的分包范围和分包内容，采用原承包工程造价计价方法，按公式(4-8)所示的方法计算。

$$\text{非分包实体材料费} = \sum \text{实物工程量} \times \text{非分包材料消耗量标准} \times \text{价格} \quad (4-8)$$

式中：**非分包实体材料费**——对应于非分包实体材料的造价费用；

　　　实物工程量——承包工程造价计价中包括的计价定额工程量；

　　　非分包材料消耗量标准——计价定额中属于非分包内容的实体材料消耗量标准；

　　　价格——承包工程造价计价时采用的材料预算价格。

（5）计算对应于非分包施工资源的造价费用：基于原承包工程造价计价包括的计价定额工程量，结合分包方案规定的分包范围和分包内容，采用原承包工程造价计价方法，按公式(4-9)所示的方法计算。

$$\text{非分包施工资源费} = \sum \text{实物工程量} \times \text{非分包资源消耗量标准} \times \text{价格} \quad (4-9)$$

式中：**非分包施工资源费**——对应于非分包施工资源的造价费用；

　　　实物工程量——承包工程造价计价中包括的计价定额工程量；

　　　非分包资源消耗量标准——计价定额中属于非分包内容的施工资源消耗量标准；

　　　价格——承包工程造价计价时采用的资源预算价格。

（6）预算包干费的计算：作为施工项目成本中现场包干费的资金来源，预算包干费按公式(4-10)所示的方法计算。

$$\text{预算包干费} = \text{基于费率计取的费用} + \text{现场管理费} - \text{临时设施计价} \quad (4-10)$$

式中：**预算包干费**——对应于现场包干费的造价费用；

基于费率计取的费用——承包工程造价中基于取费估算法计取的费用。

4.3 施工项目进度及资源计划方法

施工项目进度及资源计划的编制过程，主要包括构建施工项目工作分解结构、经网络分析确定计划进度、拟定分包方案、编制基于计划进度和分包方案的资源需求计划等环节，由于这些环节之间存在关联性，所以，计划过程中主要环节的工作一般是以相互交替的方式进行的。

基于施工合同约定的承包范围和质量标准，构建施工项目工作分解结构的过程，主要包括拟定施工方案、计算成本工程量、定义施工活动和施工活动界面分析等工作。

基于施工合同约定的总工期，经网络分析确定施工项目计划进度的过程，主要包括网络图时间参数计算、确定施工活动的计划进度、根据资源可获得性并结合资源使用均衡性要求进行优化设计、编制施工项目进度计划等工作。

编制基于计划进度的资源需求计划的过程，主要包括拟定分包方案、根据施工过程对资源的需求并结合分包方案选择项目内施工资源、确定项目内资源的配置强度和装备时间、编制项目内资源需求直方图等工作。

4.3.1 构建施工项目工作分解结构

构建施工项目工作分解结构的最终目的是获得代表施工过程的网络图，为此，需要开展的工作及其方法如下：

1) 拟定施工方案

施工方案包括施工技术方案和施工组织方案两个部分。施工技术方案的拟定过程，重点是选择主要工序的技术方法和手段的过程，只有拟定施工技术方案，才能明确需要完成施工任务的技术方法和手段，进而才能确定完成施工任务所需开展的施工活动。施工组织方案的拟订过程，包括选择施工组织方式、施工流向、施工顺序等内容。

2) 计算成本工程量

计算成本工程量的目的是构建施工项目的任务系统，据此，可以完成对施工项目范围的定义。基于已拟定的施工方案，施工项目任务系统的具体内容，不仅取决于拟建工程的建造规模，还取决于临时设施的建造规模。

对拟建工程和临时设施建造规模的描述，可以采用构建施工项目工程分解结构的方法来实现。施工项目工程分解结构是从拟建工程和临时设施的实体构造角度描述施工项目的系统构成及其相互关系的层次化树状结构，借助它可将拟建工程和临时工程实体分解成相对简单且便于定义施工任务的实体单元。这种实体单元作为构成工程实体的基本单位，一般需通过必要的施工作业才能形成。因此，借助于工程分解结构可以明确定义施工项目所包括施工任务的具体内容。如图4.4所示，施工项目工程分解结构作为一个任务系统，相应的施工过程就是施工项目工作分解结构，由于工程分解结构与工作分解结构是一种矩阵关系，所以，借助于工程分解结构，便于对施工项目包含的施工活动进行明确定义。

就计算成本工程量的方法而言，根据构建施工项目工程分解结构的一般原理，首先，基于针对承包工程的工程量清单计价过程，得到了拟建工程的计价定额实物工程量，据此，通过针对拟建工程的深化设计和工程量复核，可以获得拟建工程包括的计价定额项目以及相应的实物工程量，并按分部、分项、定额项目的层次加以汇总，完成拟建工程的成本工程量计算；其次，基于拟定施工方案，针对需经过现场施工才能获得的临时设施，计算计价定额实物工程量，并按分部、分项、定额项目的层次加以汇总，可以完成临时设施的成本工程量计算；最后，通过必要的分组和汇总，编制施工项目计价定额实物工程量表，完成成本工程量的计算工作。

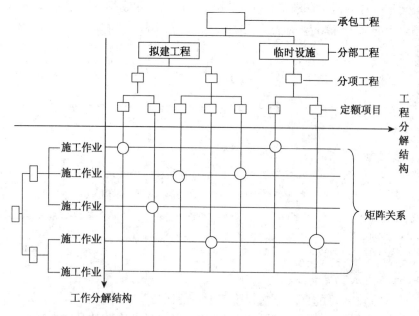

图4.4　施工项目工程分解结构与工作分解结构关系示意图

3) 定义施工活动并界面分析

定义施工活动并界面分析的目的是构建施工项目工作分解结构，其中，定义施工活动是将施工项目分解成相对独立且便于管理的活动单元，界面分析是定义相邻施工活动之间的相关性,以便于将相对独立的活动单元还原成动态有序的项目整体。

(1) 定义施工活动:基于已构建的施工项目工程分解结构,借助于工程分解结构与工作分解结构之间的矩阵关系,按工艺逻辑和综合程度的要求,将完成任务单元所需开展的施工作业集合起来,形成编制进度计划所需的施工活动,并给施工活动命名、确定活动的实施主体和作业时间等,完成对施工活动的定义。

(2) 施工活动的界面分析:界面分析的主要任务是明确施工活动之间的关联性,基于单代号搭接网络计划技术,相邻施工活动之间的搭接关系包括:

■ 搭接方式

搭接方式是指相邻施工活动之间在时间上相关的具体形式,包括以下四种:

◎ 结束-开始搭接方式(Finish To Start,简称 FTS)
◎ 开始-开始搭接方式(Start To Start,简称 STS)
◎ 结束-结束搭接方式(Finish To Finish,简称 FTF)
◎ 开始-结束搭接方式(Start To Finish,简称 STF)

■ 搭接时距

搭接时距是指处于某种搭接方式下的相邻施工活动在开展施工作业时所必需的时间间隔,根据这种时间间隔所产生的约束的方向性不同,通常可分成最大值设置和最小值设置两种类型。

◇ 搭接时距的最小值设置(MI 设置)
◇ 搭接时距的最大值设置(MA 设置)

综合搭接方式和搭接时距,基于单代号搭接网络计划技术,用于描述相邻施工活动之间相关性的搭接关系如表 4.1 所示。

表 4.1 用于描述相邻施工活动之间相关性的搭接关系示意

搭接方式	图示	搭接关系及意义	
		搭接时距的最小值设置(MI)	搭接时距的最大值设置(MA)
FTS	FTS i→j	FTS=MI i 结束后,间隔 MI,j 才能开始	FTS=MA i 结束后,j 在 MA 内必须开始
STS	STS i→j	STS=MI i 结束后,间隔 MI,j 才能开始	STS=MA i 结束后,j 在 MA 内必须开始
FTF	FTF i→j	FTF=MI i 结束后,间隔 MI,j 才能开始	FTF=MA i 结束后,j 在 MA 内必须开始
STF	STF i→j	STF=MI i 结束后,间隔 MI,j 才能开始	STF=MA i 结束后,j 在 MA 内必须开始

4.3.2 网络分析

当施工项目工作分解结构构建完成后,采用网络计划技术,编制代表施工过程的单代号搭接网络,并据此进行网络时间参数计算,根据计算结果确定施工项目包括不同施工活动的计划进度,完成网络分析工作。

1) 网络计划技术的优点

网络计划技术具有广泛的适用性,除极少数情况外,它是目前应用于工程建设领域的最理想的进度计划方法之一,和其他计划技术相比,网络计划技术具有如下优点:

(1) 具有较强的逻辑分析功能:由于网络图是一种能反映施工流程的网状图形,具有很强的逻辑分析功能,所以,采用网络计划技术编制进度计划时,计划人员能据此对施工过程进行富于逻辑性的系统思考,从而为准确决策创造必要的条件。

(2) 基于数学模型的参数计算:基于施工活动之间的搭接关系,网络计划技术能建立基于逻辑分析的数学计算模型,借助于该数学计算模型的运算,能够给计划人员提供包括施工活动的最早开始、最迟开始、最早完成、最迟完成以及总时差、自由时差等时间参数在内的时间信息,这些时间信息不仅是计划人员进行正确决策所必需的,而且是项目管理者准确判断管理重点并据此实现有效管理的基础。

(3) 可以实现计算机辅助计划:基于逻辑分析的数学计算模型能够实现计算机运算,所以,采用网络计划技术的进度计划过程特别适用于计算机辅助,当采用计算机辅助时,能够使计划人员从重复的劳动中解脱出来,大大提高了计划工作的效率和计划结果的时效性。

2) 时间参数的计算

网络分析的主要环节是时间参数计算,时间参数计算是根据网络图中不同施工活动之间的搭接关系计算每一项施工活动最早开始、最迟开始、最早完成、最迟完成、总时差和自由时差等时间参数的过程,基于所计算的时间参数,计划人员最终可以确定网络图所代表施工项目的计划进度。

(1) 相邻施工活动之间搭接关系的转换

客观存在于相邻施工活动之间的搭接关系,包括 FTS、STS、STF、FTF,均可进行等效转换。为了便于计算施工活动的时间参数,在开始计算前,可先将这四种关系统一转换成等效的 FTS 搭接关系。转换方法见公式(4-11)所示。

$$\begin{aligned} FTS(i,j) &= FTS(i,j) \\ FTS(i,j) &= STS(i,j) - D(i) \\ FTS(i,j) &= STF(i,j) - D(i) - D(j) \\ FTS(i,j) &= FTF(i,j) - D(j) \end{aligned} \quad (4\text{-}11)$$

式中:$FTS(i,j)$——相邻施工活动在 FTS 搭接方式下的搭接时距;

$STS(i,j)$——相邻施工活动在 STS 搭接方式下的搭接时距;
$STF(i,j)$——相邻施工活动在 STF 搭接方式下的搭接时距;
$FTF(i,j)$——相邻施工活动在 FTF 搭接方式下的搭接时距;
i——编号为"i"的施工活动,是编号为"j"施工活动的紧前活动;
j——编号为"j"的施工活动,是编号为"i"施工活动的紧后活动;
$D(i)$ 或 $D(j)$——施工活动"i"或"j"的作业时间。

(2) 最早开始和最早完成时间的计算

从网络图的起始节点开始,按施工活动间的逻辑顺序,利用公式(4-12)提供的计算方法依次进行计算。

对于最小值设置:

$$\begin{aligned} ES(s) &= 0 \\ ES(j) &= \max[EF(i) + FTS(i,j)] \\ EF(j) &= ES(j) + D(j) \end{aligned} \quad (4\text{-}12)$$

式中:$ES(s)$——网络图起始节点的最早开始时间;
$EF(i)$——编号为"i"活动的最早完成时间;
$ES(j)$——编号为"j"活动的最早开始时间;
$EF(j)$——编号为"j"活动的最早完成时间。

如果在施工活动"i"和"j"之间存在搭接时距的最大值设置,
如果:$ES(j) - EF(i) \leqslant FTS(i,j)MA$,
则令:保持最小值设置的计算结果不变,
否则:$EF(i) = ES(j) - FTS(i,j)MA$。

(3) 最迟完成和最迟开始时间的计算

在计算最迟完成和最迟开始时间之前,必须首先确定网络图所代表的施工项目的计划工期。计划工期的确定,可以采用计算工期,即通过最早开始和最早完成时间参数计算所得网络图终止节点的最早完成时间,也可以根据需要由计划人员自行确定计划工期。

从网络图的终止节点开始,逆网络图的逻辑顺序,采用公式(4-13)提供的计算方法依次进行计算。

对于最小值设置:

$$\begin{aligned} LF(f) &= PD \\ LF(i) &= \min[LS(j) - FTS(i,j)] \\ LS(i) &= LF(i) - D(i) \end{aligned} \quad (4\text{-}13)$$

式中：$LF(f)$——网络图终止节点的最迟完成时间；
PD——计划工期；
$LF(i)$——编号为"i"活动的最迟完成时间；
$LS(i)$——编号为"i"活动的最迟开始时间；
$LS(j)$——编号为"j"活动的最迟开始时间。

如果在施工活动"i"和"j"之间存在搭接的最大值设置，
如果：$LS(j) - LF(i) \leqslant FTS(i,j)MA$，
则令：保持最小值设置的计算结果不变，
否则：$LS(j) = LF(i) + FTS(i,j)MA$。

(4) 总时差

当网络图包括施工活动的最早开始(完成)时间和最迟开始(完成)时间均被计算完毕后，则可按公式(4-14)所示的方法分别计算施工活动的总时差：

$$TF(i) = LF(i) - EF(i) = LS(i) - ES(i) \qquad (4\text{-}14)$$

式中：$TF(i)$——编号为"i"活动的总时差。

(5) 自由时差

计算某施工活动的自由时差时，必须根据公式(4-15)所示的计算方法，将三个结果进行对比，取其最小值作为该施工活动的自由时差：

对于最小值设置

$$FF(i) = \min[ES(j) - FTS(i,j) - EF(i)] \qquad (4\text{-}15)$$

当施工活动"i"与其紧后活动"j"之间存在最大值搭接设置时，
则令：$FF(i) = \min[ES(j) - EF(i)]$；
当施工活动"i"与其紧前活动"h"之间存在最大值搭接设置时，
则令：$FF(i) = \min[EF(h) + FTS(h,i)MA - ES(i)]$。
式中：$FF(i)$——编号为"i"活动的自由时差。

计算网络图的时间参数时，一般应根据网络图的逻辑顺序，首先从左向右地逐个计算施工活动的早时间；其次，在确定计划工期的基础上，再从右向左地逐个计算施工活动的迟时间；最后，依据所算出的施工活动的早时间和迟时间，分别计算不同施工活动的总时差和自由时差。

【例题 4.1】 根据如图 4.5 所示的单代号网络图，计算相应的最早开始时间(ES)、最早完成时间(EF)、最迟开始时间(LS)、最迟完成时间(LF)，假定计划工期等于计算工期。

解：

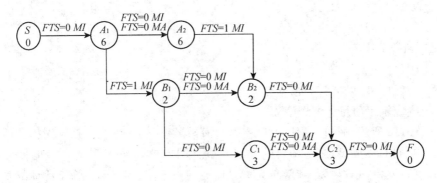

图 4.5　单代号搭接网络图

◇ 最早开始和最早完成时间计算：

$ES(S) = 0$　　　　　　　　　　　　$EF(S) = 0$
$ES(A_1) = 0$　　　　　　　　　　　$EF(A_1) = 6$
$ES(A_2) = 6$　　　　　　　　　　　$EF(A_2) = 12$

因为 $ES(A_2) - EF(A_1) = 6 - 6 = 0 \leqslant 0$　$FTS = 0MA$

所以保持 A_1 的原计算值不变

$ES(B_1) = 6 + 1 = 7$　　　　　　　$EF(B_1) = 9$
$ES(B_2) = \max[9, 12+1] = 13$　　$EF(B_2) = 15$

因为 $ES(B_2) - EF(B_1) = 13 - 9 = 4 > 0$　$FTS = 0MA$

所以 $EF(B_1) = ES(B_2) - (FTS = 0MA) = 13 - 0 = 13$　$ES(B_1) = 11$

$ES(C_1) = 13$　　　　　　　　　　$EF(C_1) = 16$
$ES(C_2) = \max(16, 15) = 16$　　　$EF(C_2) = 19$

因为 $ES(C_2) - EF(C_1) = 16 - 16 = 0 \leqslant 0$　$FTS = 0MA$

所以保持 C_1 的原计算值不变

$ES(F) = 19$　　　　　　　　　　　$EF(F) = 19$

◇ 最迟开始和最迟完成时间计算：

$LF(F) = 19$　　　　　　　　　　　$LS(F) = 19$
$LF(C_2) = 19$　　　　　　　　　　$LS(C_2) = 16$
$LF(C_1) = 16$　　　　　　　　　　$LS(C_1) = 13$

因为 $LS(C_2) - LF(C_1) = 16 - 16 \leqslant 0$　$FTS = 0MA$

所以 保持 C_2 的原计算值不变

$LF(B_2) = 16$　　　　　　　　　　$LS(B_2) = 14$
$LF(B_1) = \min(14, 13) = 13$　　　$LS(B_1) = 11$

因为 $LS(B_2) - LF(B_1) = 14 - 13 = 1 > 0$　$FTS = 0MA$

所以 $LS(B_2) = 13$ $LF(B_2) = 15$

$LF(A_2) = 13 - 1 = 12$ $LS(A_2) = 6$

$LF(A_1) = \min(6, 11 - 1) = 6$ $LS(A_1) = 0$

因为 $LS(A_2) - LF(A_1) = 6 - 6 \leqslant 0$ $FTS = 0MA$

所以 保持 A_2 的原计算值不变。

3) 确定施工项目计划进度

如图 4.6 所示,通过网络图时间参数计算,得到了施工项目包括不同施工活动的时间参数值,据此,以施工项目的计划开始日期为起点,分别计算这些时间参数的日历时间,并以最早开始和最早完成日历时间为依据,确定不同施工活动的基于尽早开始的计划进度,并采用"关联横道图"方式编制施工项目进度计划图表。

基于按计划进度施工对资源的需求,结合资源可获得性限制,拟定基于进度计划的资源配置方案,并根据资源使用均衡性要求,对基于尽早开始的计划进度进行优化,完成施工项目进度计划的编制工作。

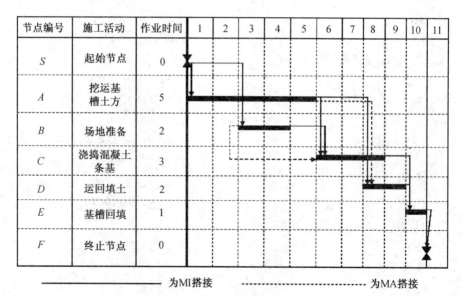

图 4.6 关联横道图进度计划图表示意

4.3.3 编制基于计划进度的项目内资源需求计划

通过进度计划和资源配置之间的优化互动,完成施工项目进度计划的编制,据此,编制基于计划进度的项目内资源需求计划过程,主要包括拟定分包方案、根据施工过程对资源的需求并结合分包方案选择项目内施工资源、确定项目内资源的配置强度和装备时间、编制项目内资源需求直方图等工作。

1) 拟定分包方案

如表4.2所示,拟定分包方案工作包括选择分包商、确定分包合同类型、明确分包范围和分包内容等。基于拟定的分包方案,首先可计算由分包商承担的施工资源和实体材料的数量,为编制项目内资源计划提供依据。其次,基于按清单计价过程采用的预算价格,可以估算对应于这种预算价格的分包合同造价作为参考,以便于管理者通过询价或协商最终确定分包合同造价。

表4.2 分包方案的主要内容示意

分包商名称	合同形式	分包范围	分包内容
注:填入具体分包商的名称	注:填入总价或单价合同	注:填入被分包施工的定额工程量	注:填入每个定额工程量中被分包施工的人工、材料、机械的具体内容
张三	总价	20-2 条基模板 20-20 圈梁模板	人工 辅助材料
王武	总价	所有模板和脚手架工程	周转材料

2) 编制项目内资源需求计划

基于需自行完成的施工任务,选择按计划进度施工需要配置的项目内施工资源,确定配置强度和装备时间,编制如图4.7所示的项目内资源需求直方图,完成项目内资源需求计划的编制工作。

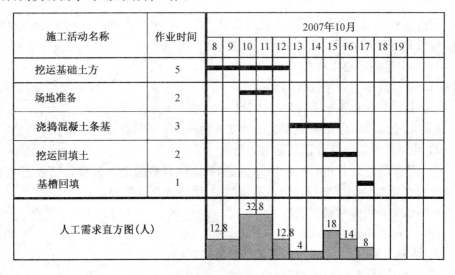

图4.7 项目内资源需求直方图示意

4.4 施工项目成本估算方法

施工项目成本包括分包工程费、实体材料费、现场施工费(由项目内施工资源费和现场包干费组成),成本费用的一般计算方法如公式(4-16)所示。

$$施工项目成本 = \sum 量_i \times 价_i \qquad (4-16)$$

式中:量——用以反映施工项目对资源和材料需求的数量指标;
　　　价——对应于"量"的单位费用。

经工程量清单计价、成本工程量计算、拟定分包方案、编制进度计划以及编制资源计划等过程,人们可以确定相关"量"的指标,据此,所谓施工项目成本估算,主要是确定对应于"量"的单位费用,也即"单价",并将"量"和"价"相乘以计算相关费用的过程。

本节主要讨论对应于"量"指标的"价"的确定方法,主要内容包括:

◇ 需求量指标
◇ 分包工程单价的确定
◇ 实体材料单价的确定
◇ 项目内施工资源单价的确定

4.4.1 需求量指标

通过工程量清单计价、成本工程量计算、拟定分包方案、编制进度计划以及编制资源计划等过程,可以得到如下需求量指标:

1) 计价定额实物工程量

(1) 通过成本工程量计算得到;
(2) 是估算分包工程费和项目内计件人工费的依据;
(3) 对应的单价包括分包工程单价以及项目内人工计件工资标准。

2) 实体材料总消耗量以及期末消耗量

(1) 依据清单计价过程采用的计价定额(实体材料消耗量标准)、结合成本工程量计算结果和分包方案以及成本监测结果,通过计算分析确定;
(2) 是估算实体材料费的依据;
(3) 对应的单价是实体材料购置单价。

3) 期末项目内人工、机械和周转材料需求指标

◇ 经进度及资源计划过程确定;
◇ 是估算期末项目内计时工资、机械租赁费、周转材料租赁费的依据;

◇ 对应的单价包括项目内计时工资标准、机械租赁单价、周转材料租赁单价。

4.4.2 单价的确定

1) 分包工程单价

分包工程单价是指对应于分包范围内计价定额工程量的单价。就单价合同而言，分包工程单价就是分包合同单价；就总价合同而言，分包工程单价是确定分包合同总造价的基础。基于拟定的分包方案，首先按原清单计价方法计算分包范围内各项计价定额的分包预算单价作为参考，其次，通过询价、协商或招标竞争等方式确定分包工程单价。

2) 项目内计件人工单价

项目内计件人工单价是对应于计价定额工程量的计件工资标准，作为生产工人工资标准的组成部门，一般由施工企业统一规定。

3) 实体材料购置单价

实体材料购置单价是指通过采购到达施工现场的实体材料单位费用，基于拟定的采购方案，计算时需考虑包括实体材料原价、运杂费和采购保管费等。

4) 项目内计时人工单价

项目内计时人工单价是指对应于项目内资源需求直方图中一个计量单位人工需求指标的计时性工资报酬，由于实际支付给生产工人的计时性工资报酬一般是根据工人的出勤情况并结合企业规定的计时工资标准确定的，包括正常工作的工资、加班工资以及病假、事假等工资，所以，确定项目内计时人工单价的原则应该是，将该计时人工单价乘以由人工需求直方图规定的人工需求指标所形成的计时人工费的估算值，必须等于施工项目按企业计时工资标准规定支付给生产工人的计时性工资报酬。

据此，确定某工种工人的项目内计时人工单价时，必须计算该工种工人在进度计划所规定的正常工作时间里所需发生的"一切在内"的费用，包括企业计时工资标准规定的并且必须计入施工项目成本的基本人工工资、工资性补贴、雇佣期内必须支付的职工福利费、劳动保护费、生产工人自备工具使用费以及由于恶劣气候条件等原因引起的非工作日工资等。

下面通过示例说明确定项目内计时人工单价的方法，实际工作中，首先，全年非工作时间的确定，必须基于对施工企业已完工程出勤情况的统计资料，但本示例中采用的统计资料是作者假设的，其次，计算项目内计时人工单价时还必须考虑加班（包括班内加班、节假日加班等）和翻班（包括中班、夜班等）的工资，但为了使计算过程简单，本示例中对这些工资因素均未考虑。

【例题 4.2】 计算某施工项目中"瓦工"和"木工"的计时人工单价，并根据"瓦工"和"木工"的需求比例计算施工项目的综合计时人工单价。

（1）全年有效工作时间

全年有效工作时间是指生产工人在一年中被配置在施工项目上的时间,考虑到现场施工的连续性,配置在施工项目上的工人通常在双休日和法定节假日中均需加班,所以,在计算全年有效工作时间时,只要将全年日历天数减去因生产工人参加培训、探亲、婚、丧、病假和因恶劣气候条件引起全场性停工等非工作时间即可。

全年日历天数： 365 天
全年非工作天数： 30 天
其中,春节休息探亲时间： 15 天
外派培训学习时间： 3 天
病假： 3 天
产、婚、丧假： 9 天

全部有效工作天数 335 天,其中,假设本示例施工项目需跨年度施工,相应的进度计划中因春节休息探亲时间导致停工 15 天,相应地,进度计划工作日为 350 天。

（2）施工企业规定的计时工资标准

如表 4.3 所示,按施工企业规定的计时工资标准,分别确定施工项目必须支付给"瓦工"和"木工"的计时工资标准。

表 4.3 计时工资标准表

企业名称：某施工企业

序号	费用名称	瓦工标准	木工标准
1	基本工资	15 元/有效工作日	20 元/有效工作日
2	工资性补贴	280 元/月	300 元/月
3	辅助工资		
3.1	探亲假工资	10 元/天	10 元/天
3.2	培训学习期间工资	10 元/天	10 元/天
3.3	病假工资	10 元/天	10 元/天
3.4	产、婚、丧假工资	10 元/天	10 元/天
3.5	恶劣气候条件停工期间工资	10 元/天	10 元/天
4	职工福利费	(1+2)×14%	(1+2)×14%
5	劳动保护费	4 元/有效工作日	4 元/有效工作日
6	生产工人自备工具使用费	1 元/有效工作日	1 元/有效工作日
7	计入施工项目成本的法定保险费	(1+…+6)×15%	(1+…+6)×15%
8	雇佣及辞退费分摊	(1+…+6)×1%	(1+…+6)×1%

(3) 全年计时人工费的计算

根据所确定的全年有效工作时间和相应的工资标准,分别计算施工项目中"瓦工"和"木工"在一个会计年度内发生的计时人工费用如表 4.4 所示。

表 4.4　全年计时人工费计算表

企业名称:某施工企业

序号	费用名称	瓦工	木工
1	基本工资	15×335=5 025(元)	20×335=6 700(元)
2	工资性补贴	280×12=3 360(元)	300×12=3 600(元)
3	辅助工资	10×30=300(元)	10×30=300(元)
4	职工福利费	(5 025+3 360)×14%=1 173.9(元)	(6 700+3 600)×14%=1 442(元)
5	劳动保护费	4×335=1 340(元)	4×335=1 340(元)
6	自备工具使用费	1×335=335(元)	1×335=335(元)
7	法定保险费	(1+…+6)×15%=1 730(元)	(1+…+6)×15%=2 057.55(元)
8	雇佣及辞退费分摊	(1+…+6)×1%=115.34(元)	(1+…+6)×1%=137.17(元)
9	合计	13 379.24 元	15 911.72 元

(4) 计算各工种工人的计时人工单价

$$\text{瓦工计时人工单价} = \frac{13\,379.24}{350} = 38.23(元/进度计划工作日)$$

$$\text{木工计时人工单价} = \frac{15\,911.72}{350} = 45.46(元/进度计划工作日)$$

(5) 计算技术工人的综合计时人工单价

假设施工项目对"瓦工"和"木工"的需求之比为 3∶1,通过计算各工种工人计时人工单价的加权平均数,则该平均数即为该施工项目中技术工人的综合计时人工单价。

$$\text{综合计时人工单价} = \frac{13\,379.24 \times 3 + 15\,911.72 \times 1}{4 \times 350}$$

$$= 40.04(元/进度计划工作日)$$

或

$$\text{综合计时人工单价} = \frac{38.23 \times 3 + 45.46 \times 1}{4} = 40.04(元/进度计划工作日)$$

5) 项目内机械单价

项目内机械单价是施工过程中发生的对应于项目内机械需求指标的单位费

用，施工机械作为一种固定资产，从投资收益的角度看，企业购置机械的一次性投资必须从其能够实现的收益中得到回收，设备租赁公司通过出租其所拥有的施工机械从租金收入中回收投资并实现利润，考虑到施工企业拥有的施工机械同样具有通过出租实现收益的机会，所以，基于施工企业组织管理层和施工项目层二层分离的核算体制，不论是使用企业自有的施工机械，还是通过外部租赁获得的施工机械，均应以租赁方式计算机械费，相应地，项目内机械单价的形式也只能是租赁单价。

虽然施工项目作为施工机械的租用方，并无确定租赁单价的权力，但是，基于组织管理层和施工项目层二层分离的核算体制，当施工项目从本企业内部市场租用机械时，租赁单价作为连接管理层和项目层之间经济关系的纽带，直接决定了施工机械创造的利润在上述两个层次之间的分配，进而影响施工项目的成本水平，从这个意义上讲，施工企业确定机械租赁单价的过程，是一种对施工项目成本进行决策的过程。

为了确保机械在其寿命期内收支平衡并能实现利润，机械租赁单价的确定过程，其实就是找出机械在寿命期内的收支平衡点的过程，通常的做法是，首先由机械出租单位在充分考虑租赁单价的费用构成并通过计算确定可以保本的边际单价基础上，再根据本单位出租机械的市场策略增加一定的期望利润以形成机械的期望租赁单价，该期望租赁单价最终必须经市场竞争的检验才能被确定下来。

(1) 机械租赁单价的费用构成

虽然不同的机械租赁公司在出租其机械时采用不同的租赁合同，不同的租赁合同规定了不同的租赁单价费用构成，但是，从普遍意义上讲，组成机械租赁单价的费用，通常可包括如下内容。

① 购置成本

用于购置施工机械的资金通常是通过贷款筹集的，贷款要支付利息，因此，计算机械租赁单价时必须考虑计入该费用。实际工作中，即使是利用本企业的保留资金购置机械，也应考虑相应的利息支出，因为这笔钱如果不用于购买机械本可以存入银行赚取利息。

② 使用成本

使用成本是指为了确保施工机械在使用寿命期内能正常工作并且为了适当延长其使用寿命，在使用机械过程中必须发生的费用支出，一般包括大修理费、经常修理费、机上人员的人工费以及机械的进退场费等，由于机械的动力燃料费可以在机械动力燃料消耗量基础上，将该消耗量乘以相应的价格直接计算。所以，租赁单价中一般不将该费用包括其中。

③ 执照和保险费

机械保险的类型和保险费的多少主要取决于机械是否使用公共道路,不在公共道路上使用的机械,其保险费一般非常少,通常只需根据最低限度的法规要求进行保险,同样,如果机械不在公共道路上使用,其执照费也很少甚至没有,反之,其数额就可观。

④ 管理费

施工企业一般组建相应的内部管理部门来管理施工机械,随着社会分工的不断细化,施工企业也可能将机械交给独立的营利部门来经营,不论是企业内部管理部门还是独立经营的营利部门,经营管理过程中均需发生包括行政、技术、营销、后勤、库存等管理费用。因此,确定机械租赁单价时,必须将这些管理费用纳入其中。

⑤ 折旧费

折旧费是指施工机械在规定的使用年限内,陆续收回其价值的费用,作为由使用期长短决定的价值补偿,施工企业一般按机械租赁单价的一定比率增加一笔相当于折旧费的金额并以租金收入的方式收回这种补偿。实际工作中,收回的折旧费往往会用于许多其他方面,而不允许呆滞地积累下来。当该项资产的价值最终被折旧费替代完毕后,这笔资金就会从企业现金余额中借出或提出。

(2) 机械租赁单价的确定

施工机械的管理部门在确定机械租赁单价前,首先要分析影响机械租赁单价的诸多因素,据此,采用相应的方法确定具体机械的租赁单价。

① 影响机械租赁单价的因素

机械租赁单价是相关因素共同作用的结果,所以,在确定某机械的租赁单价前,必须明确有哪些影响因素以及这些因素对机械租赁单价的影响程度。

a. 核算机械租赁单价的费用范围

核算机械租赁单价时规定的费用核算范围将直接影响其租赁单价的价格水平,例如,机械租赁单价中是否应包括机械司机的人工费用以及是否将机械进退场费用分摊到机械租赁单价中去,不同的费用组成将决定不同的租赁单价的价格水平。

b. 机械采购方式

按付款方式不同,购置机械的方式多种多样,这些可供选择的购置方式包括现金或当场采购、租购、融资租赁等。对施工企业而言,不同的购置方式能带来不同的现金流量,不同的现金流量会影响机械租赁单价的确定。

c. 机械性能

机械性能决定了施工机械的生产能力、使用中的消耗、需要修理的情况以及使用中的故障率等,这些状况将直接影响机械在使用寿命期内所需的大修理费用、日常运营成本、使用寿命以及转让价格等,从而影响机械租赁单价的价格水平。

d. 市场条件

市场条件主要是指机械租赁市场的供求和竞争条件,市场条件直接影响施工机械的出租率,进而影响机械在一年中的租金收入。在年运营成本一定的条件下,为了做到收支平衡,则出租率越低,相应的租赁单价就必须提高。

e. 银行利率水平和通货膨胀率

银行利率的高低将直接影响机械的购置成本以及资金时间价值的大小,如果银行利率提高,则资金的折现系数增大。据此,如果需要保本则必然要实现更高的内部收益率,而如果要达到更高的内部收益率,则必须提高机械的租赁单价。

通货膨胀就是货币贬值,其贬值的速度被称为通货膨胀率。如果通货膨胀率高,则为了不受损失就要以更高的收益率扩大货币的账面价值。而如果要达到更高的内部收益率,则必须提高机械的租赁单价。

f. 折旧方法

折旧方法包括直线折旧法、余额递减折旧法、定额存储折旧法等不同的种类,同一种机械以不同的折旧方法提取折旧,其每次计提的费用是不同的。

② 机械租赁单价的确定方法

按是否考虑资金时间价值为标准进行分类,确定机械租赁单价的方法,通常包括静态方法和动态方法两种。确定机械租赁单价过程不考虑资金时间价值的方法被称为静态方法,反之,则称为动态方法。

a. 静态方法

静态方法是指不考虑资金时间价值的方法,采用这种方法计算机械租赁单价的基本思路是:首先,根据规定的构成机械租赁单价的费用项目,计算施工机械在单位时间里所需发生的费用,并以该费用作为机械的边际租赁单价,所谓边际租赁单价是指仅仅达到保本要求的租赁单价;其次,根据出租市场的行情和本企业拟定的市场策略确定相应的期望利润;最后,将边际租赁单价加上所确定的期望利润即得到该机械的租赁单价。

下面举例说明采用静态方法确定施工机械租赁单价的计算过程,为了简单起见,本例中采用的数据和条件均是假设的,实际工作中,这些数据和条件必须经过复杂的统计和分析过程才能确定。

第一,确定租赁单价包括的费用范围:确定机械租赁单价时,应根据出租该机械时采用的租赁合同,将合同条款规定必须包括在租赁单价中的费用项目确定下来。据此,分别计算这些费用项目在一个会计年度内的发生额,将这些发生额加以汇总并分摊到单位出租时间上即成机械边际租赁单价。

如果不考虑机械司机的人工费和机械进退场费用,则组成施工机械租赁单价的费用项目包括如下:购置机械所需发生的贷款利息;机械大修理费;机械经常修理费;折旧费;机械管理部门的管理费;有关保险费和必须交纳的税金。

第二,机械租赁单价中相关费用年发生额的计算方法:需要计算的费用包括折旧费、贷款利息、机械大修理费、机械经常修理费、管理费、有关保险费及税金等。

折旧费的大小取决于被折旧的施工机械的原值、采用的折旧方法、报废时能够达到的残值率以及机械的使用年限等指标。机械原值是指获取机械时必须发生的费用支出,包括从购置地点运到目的地并验收入库所需发生的购置价格、运杂费和采购保管费等。用于机械折旧的方法多种多样,但确定机械租赁单价时一般采用直线折旧法,直线折旧法是将机械在使用期限内的价值损失平均分摊到单位时间上的折旧方法。机械在报废时能实现的残值率是指机械在报废时能够回收到的残余价值与机械原值的比率,确定机械租赁单价时,应根据机械的具体情况确定能够达到的残值率。机械的使用年限也称为机械使用寿命,从提高经济效益的角度出发,使用寿命应取其经济寿命,经济寿命是从经济效益的角度取定的机械的最合理的使用年限,在该使用年限内机械的年平均使用成本最低。计算施工机械年折旧费的方法如公式(4-17)所示。

$$年折旧费 = \frac{机械设备原值 \times (1-残值率)}{使用年限} \quad (4-17)$$

购置施工机械所需的贷款利息,通常受购置时所采用的采购方式、机械本身的价值、贷款方式以及相应的利率水平等因素的影响。实际工作中,采购机械的方式多种多样,有些采购方式的利息支出计算是十分复杂的,这里不进行深入讨论。但如果采用现金采购机械,则所需贷款的数额就等于机械的购置价格,进一步,如果需一次性支付贷款,则在单利计息的条件下,计算贷款年利息的方法如公式(4-18)所示。

$$年贷款利息 = 机械设备购置价格 \times 贷款年利率 \quad (4-18)$$

机械大修理费是指在使用年限内为恢复机械的原机功能并延长其使用寿命,按规定必须对机械进行大修理所发生的费用,费用的大小取决于对机械进行一次大修理所需支出的费用以及在使用年限内必须进行的大修理次数。基于确定的机械一次大修理费用和使用年限内所需大修理次数,机械年大修理费的计算方法如公式(4-19)所示。

$$年大修理费 = \frac{一次大修理所需的费用 \times 大修理次数}{机械使用年限} \quad (4-19)$$

机械经常修理费是施工机械在其使用年限内除大修理以外必须进行的各级小修、维护和保养以及临时故障排除等工作过程所需发生的费用,对于不同类型的机械,以及相同类型机械的不同新旧程度和工作条件,其修理和保养过程所需费用相差悬殊。因此,详细记录和保存类似机械的费用数据是确定机械经常修理费的唯一办法。

不同管理机构具有不同的管理效率,在租赁业务相同条件下,具备不同管理效率的管理机构会发生不同的管理费支出。所以,确定机械租赁单价时,需要通过对以往管理费开支的统计分析,确定机械管理机构的管理费年发生额,并将其分摊到租赁单价中,才能形成机械单价的管理费分摊额。

第三,租赁单价计算示例

【例题 4.3】 假设施工机械的成本资料如下,采用静态方法计算机械的边际租赁单价,如果期望利润率为 15%,确定相应的租赁单价。

购置价格: 10 万元
残值率: 10%
使用年限: 10 年
贷款年利率: 6%
一次大修理费: 2 万元
使用年限内大修理次数: 5 次
年经常修理费: 购置价格×5%
年管理费: 购置价格×10%
年保险及税费: 800 元
预计年出租天数: 300 天

据此,计算机械边际租赁单价的过程如表 4.5 所示。

表 4.5 机械边际租赁单价计算表

机械名称:某机械设备

序号	费用名称	计算公式	结果
1	年折旧费	$\frac{10 \times (1 - 1/10)}{10} = 0.9$	0.9 万元
2	年贷款利息	$10 \times 6\% = 0.6$	0.6 万元
3	年大修理费	$\frac{2 \times 5}{10} = 1$	1 万元
4	年经常修理费	$10 \times 5\% = 0.5$	0.5 万元

续表 4.5

序号	费用名称	计算公式	结果
5	年管理费	10×10%＝1	1万元
6	年保险及税费	800	0.08万元
7	年费用合计	1+2+3+4+5+6=4.08	4.08万元
8	边际租赁单价	$\frac{4.08}{300}=0.0136$	136元/天

如果按15%的期望利润率计算，施工机械的租赁单价为：

$$机械租赁单价 = 136 \times (1+15\%) = 156.4(元/天)$$

b. 动态方法

动态方法是在计算机械租赁单价时考虑资金时间价值的计算方法，采用这种方法确定机械租赁单价的基本思路是：首先，根据施工机械的成本资料确定使用年限内不同时间阶段的资金流出和资金流入数，实际工作中，确定资金流出和流入的时间阶段一般以年计量；其次，确定机械在使用年限内的期望年收益率；最后，采用"折现现金流量法"计算为实现既定期望收益率所必需的年租金收入并将该租金收入除以相应的年出租天数得到机械的租赁单价。

【例题4.4】 根据例题4.3提供的机械成本数据，采用动态方法计算确定施工机械租赁单价的过程如下：

假设出租施工机械的年收入为"x"，则在其使用年限内由机械成本资料形成的现金流量表如表4.6所示。

表4.6 机械设备在使用年限内的现金流量表

机械名称：某机械设备　　　　　　　　　　　　　　　　　　　　　　单位：万元

序号	费用名称	0	1	2	3	4	5	6	7	8	9	10
1	现金流入	10	x	x	x	x	x	x	x	x	x	$X+1$
1.1	年租金收入		x	x	x	x	x	x	x	x	x	x
1.2	残值											1
1.3	贷款收入	10										
2	现金流出	10	3.18	3.18	3.18	3.18	3.18	3.18	3.18	3.18	3.18	13.18
2.1	购置价格	10										
2.2	年贷款利息		0.6	0.6	0.6	0.6	0.6	0.6	0.6	0.6	0.6	0.6
2.3	年大修理费		1	1	1	1	1	1	1	1	1	1
2.4	年经常修理费		0.5	0.5	0.5	0.5	0.5	0.5	0.5	0.5	0.5	0.5

续表 4.6

序号	费用名称	0	1	2	3	4	5	6	7	8	9	10
2.5	年管理费		1	1	1	1	1	1	1	1	1	1
2.6	年保险及税费		0.08	0.08	0.08	0.08	0.08	0.08	0.08	0.08	0.08	0.08
2.7	归还贷款											10

为了实现 15% 的期望利润率,施工机械在使用年限内每年的租金收入必须是:

现金流入的现值:$10 + 5.0188x + 0.2472$

现金流出的现值:$10 + 3.18 \times 5.0188 + 10 \times 0.3472$

为了实现收支平衡必须做到:

现金流入 = 现金流出,即:

$10 + 5.0188x + 0.2472 = 10 + 3.18 \times 5.0188 + 10 \times 0.3472$

$x = 3.823$(万元)

在确定所需实现的年租金收入基础上,根据既定的年出租天数,计算施工机械租赁单价的过程如下:

$$机械租赁单价 = \frac{3.823 \times 10\,000}{300} = 127.43 \,(元/天)$$

6) 项目内周转材料单价

由于周转材料和施工机械的单价均是对应于使用时间的单位费用,相应地,项目内周转材料单价的确定方法与机械单价的确定方法类似,同样必须在明确诸如采购方式、材料性能、市场条件、银行利率、通货膨胀率以及折旧方法、管理水平、政策规定等基础上,本着确保租金收入与相应费用支出实现收支平衡的原则,采用静态或动态方法确定其边际租赁单价,再加上一定的期望利润,进而确定适用的周转材料租赁单价。

4.5 工程示例

接着第 1、2、3 章的工程示例,某施工企业获得了住宅建筑基础工程的施工任务,并就如何施工开展了讨论,内容包括:

(1) 通过施工总平面深化设计,确定了砌筑工地围墙(临时设施)的适用定额及相应的工程量;

(2) 通过深化施工技术和组织方案,构建了施工项目的工作分解结构;

(3) 通过拟定施工组织方案,确定了施工顺序和流向;

(4)拟定了分包方案；
(5)拟定了项目内施工资源配置方案。

4.5.1 进度计划

拟定了施工项目进度计划，详见表4.7。

表4.7 进度计划表

序号	施工作业名称	作业时间	开始日期	结束日期
1	施工准备	4天	2013年4月2日	2013年4月5日
2	挖运土方	6天	2013年4月4日	2013年4月9日
3	浇混凝土垫层	1天	2013年4月10日	2013年4月10日
4	混凝土条基钢筋模板安装	10天	2013年4月13日	2013年4月22日
5	浇钢筋混凝土条形基础	1天	2013年4月23日	2013年4月23日
6	砌筑标准砖条形基础	9天	2013年4月25日	2013年5月3日
7	圈梁构造柱钢筋模板安装	9天	2013年5月4日	2013年5月12日
8	圈梁和构造柱混凝土浇捣	1天	2013年5月13日	2013年5月13日
9	拆除模板	5天	2013年5月16日	2013年5月20日
10	回填土	5天	2013年5月21日	2013年5月25日

4.5.2 企业内部成本核算体制

(1)企业提成的计算标准：企业提成按承包工程造价的3%计算。
(2)现场管理费的计算标准：作为项目经理部收入的现场管理费按承包工程造价中管理费的40%计算。

4.5.3 施工项目成本计划示例

施工项目成本计划和控制作为贯穿于施工全过程的循环，工作流程如下：

首先，根据所拟定的计划条件，编制开工前第一个成本计划，用于预测施工项目成本绩效、明确成本控制目标以及为其他职能岗位的管理者提供决策支持。

其次，施工过程中还需不断地进行成本监测以便于获得实际成本信息，据此为针对后续施工的整改工作提供决策支持。

第三，作为整改策略的一种选择，是依据变化了的计划条件编制对应于控制期末未完工程的成本计划，至此，施工项目成本计划和控制进入了下一个循环。

1) 开工前编制的第一个施工项目成本计划

开工前编制的第一个施工项目成本计划见表4.8至表4.12，需要说明的是，由于是开工前编制的第一个计划(相对于施工过程中控制期末编制的对应于未完工程的成本计划,本计划是一个特例,此时,所有施工任务均未被完成),所以,计划表中"实际成本"栏中的数据均为零。

表4.8 施工项目预期收支对比表

项目名称:某住宅建筑　　　　　　　　　　　　　　截止时间:2013年4月2日

费用项目	期末造价	期末累计成本	期末计划成本	项目利润	项目利润率(%)	备注
一、分包工程费						
大力劳务公司	50 493.79		50 000	493.79	0.28	
民建劳务公司	20 818.74		20 000	818.74	0.47	
新建出租公司	1 258.24		1 200	58.24	0.03	
分包工程费[小计]	72 570.77		71 200	1 370.77	0.78	
二、实体材料费						
中砂	4 955.82		4 790.63	165.19	0.09	
碎石 5~20 mm	996.31		939.38	56.93	0.03	
碎石 5~40 mm	7 701.68		7 261.58	440.1	0.25	
标准砖 240 mm×115 mm×53 mm	5 483.4		5 300.62	182.78	0.1	
水泥 32.5 级	9 722.76		9 398.67	324.09	0.19	
钢筋(综合)	19 706.4		19 237.2	469.2	0.27	
其他材料费	740.87		740.87			
实体材料费[小计]	49 307.24		47 668.95	1 638.29	0.94	
三、现场施工费						
项目内人工费	1 920		1 920		1.1	
项目内周转材料费						
项目内机械费	1 260.12		11 860	−10 599.88	−6.06	
现场性费用	17 660.28		22 304.16	−4 643.88	−2.65	
现场施工费[小计]	20 840.4		34 164.16	−13 323.76	−7.62	

续表 4.8

费 用 项 目	期末造价	期末累计成本	期末计划成本	项目利润	项目利润率（%）	备 注
四、企业提成						
企业管理费	11 083.62	11 083.62				
预算 利润	8 862.74	8 862.74				
工程 利润		−14 707.37		14 707.37	8.42	
企业提成[小计]	19 946.36	5 238.99		14 707.37	8.42	
五、规费、税金						
规费	6 164.52	6 164.52				
税金	5 815.74	5 815.74				
规费、税金[小计]	11 980.26	11 980.26				
合 计	174 645.03	17 219.25	153 033.11	4 392.67	2.52	

表 4.9 施工项目成本计划汇总表

项目名称:某住宅建筑　　　　　　　　控制期:2013 年 4 月 2 日～2013 年 4 月 2 日

序号	费 用 项 目	期末计划成本	本期实际成本	期初计划成本	成本动态差异
1	分包工程费	71 200			71 200
2	实体材料费	47 668.94			47 668.94
3	现场施工费	34 164.16			34 164.16
	合 计	153 033.1			153 033.1

表 4.10 分包工程费计划明细表

项目名称:某住宅建筑　　　　　　　　控制期:2013 年 4 月 2 日～2013 年 4 月 2 日

序号	分包商名称	期末计划成本	本期实际成本	期初计划成本	成本动态差异
1	大力劳务公司	50 000			50 000
2	民建劳务公司	20 000			20 000
3	新建出租公司	1 200			1 200
	合 计	71 200			71 200

表 4.11 实体材料费计划明细表

项目名称:某住宅建筑　　　　　　　　　控制期:2013 年 4 月 2 日~2013 年 4 月 2 日

序号	材料名称	单位	期末计划成本			本期实际成本			期初计划成本			成本动态差异
			数量	单价	费用	数量	单价	费用	数量	单价	费用	
1	中砂	t	82.597	58	4 790.63							4 790.63
2	碎石 5~20 mm	t	14.233	66	939.38							939.38
3	碎石 5~40 mm	t	110.024	66	7 261.58							7 261.58
4	标准砖 240 mm×115 mm×53 mm	百块	182.78	29	5 300.62							5 300.62
5	水泥 32.5 级	kg	32 409	0.29	9 398.67							9 398.67
6	钢筋(综合)	t	4.692	4 100	19 237.2							19 237.2
7	其他材料费	元			740.87							740.87
	合计				47 668.95							47 668.95

表 4.12 现场施工费计划明细表

项目名称:某住宅建筑　　　　　　　　　控制期:2013 年 4 月 2 日~2013 年 4 月 2 日

序号	施工资源名称	单位	期末计划成本			本期实际成本			期初计划成本			成本动态差异
			数量	单价	费用	数量	单价	费用	数量	单价	费用	
1	灰浆拌和机 200 L	台班	54	30	1 620							1 620
2	砼搅拌机 400L	台班	47	40	1 880							1 880
3	砼震动器(插入式)	台班	188	10	1 880							1 880
4	机动翻斗车 1 t	台班	108	60	6 480							6 480
5	管理人员	工日	216	102.96	22 239.36							22 239.36
6	活动板房	m²·天	6 480	0.01	64.8							64.8
7	活动板房	m²	1.2									
	合计				34 164.16							34 164.16

2) 施工过程中某个控制期末的成本计划和控制报表

截止到第一个控制期末(4 月 10 日),施工现场实际进度为:完成了包括砌筑围墙在内的全部施工准备工作,完成了全部土方开挖及运输,完成了 20 m³ 的浇注混凝土垫层。变化了的计划条件是:对应于控制期末未完的施工过程,需增加砌筑砖基础工程量 2 m³,浇注剩余混凝土垫层的工期为 1 天、导致基础工程总工期增加 1 天,标准砖的预期价格为每百块 26 元,经与民建劳务公司协商,劳务分包费增加 180 元。据此,编制对应于控制期末未完工程的施工项目成本计划和控制工作报表见表 4.13 至表 4.18。

表 4.13 第一个控制期末施工项目预期收支对比表

项目名称：某住宅建筑　　　　　　　　　　　截止时间：2013 年 4 月 10 日

费用项目	期末造价	期末累计成本	期末计划成本	项目利润	项目利润率（%）	备注
一、分包工程费						
大力劳务公司	50 493.79	28 000	22 000	493.79	0.28	
民建劳务公司	21 046.74	3 500	16 680	866.74	0.49	
新建出租公司	1 258.24		1 200	58.24	0.03	
分包工程费[小计]	72 798.77	31 500	39 880	1 418.77	0.81	
二、实体材料费						
中砂	5 002.62	1 000	3 675.87	326.75	0.19	
碎石 5～20 mm	996.31		939.38	56.93	0.03	
碎石 5～40 mm	7 701.68	1 400	5 611.58	690.1	0.39	
标准砖 240 mm×115 mm ×53 mm	5 796.6	552	4 425.72	818.88	0.47	
水泥 32.5 级	9 759.49	1 620	7 868.18	271.31	0.15	
钢筋（综合）	19 706.4		19 237.2	469.2	0.27	
其他材料费	741.85		741.86	−0.01		
实体材料费[小计]	49 704.95	4 572	42 499.79	2 633.16	1.5	
三、现场施工费						
项目内人工费	1 920			1 920	1.09	
项目内周转材料费						
项目内机械费	1 265.05	970	10 580	−10 284.95	−5.85	
现场性费用	17 742.41	4 146.84	18 935.44	−5 339.87	−3.03	
现场施工费[小计]	20 927.46	5 116.84	29 515.44	−13 704.82	−7.8	
四、企业提成						
企业管理费	11 118.56	11 118.56				

续表 4.13

费用项目	期末造价	期末累计成本	期末计划成本	项目利润	项目利润率（%）	备注
预算 利润	8 890.71	8 890.71				
工程 利润		−14 745.3		14 745.3	8.4	
企业提成[小计]	20 009.27	5 263.97		14 745.3	8.4	
五、规费、税金						
规费	6 193.92	6 193.92				
税金	5 843.47	5 843.47				
规费、税金[小计]	12 037.39	12 037.39				
合 计	175 477.84	58 490.2	111 895.23	5 092.41	2.9	

表 4.14 第一个控制期末施工项目成本计划汇总表

项目名称：某住宅建筑　　　　　　控制期：2013 年 4 月 2 日～2013 年 4 月 10 日

序号	费用项目	期末计划成本	本期实际成本	期初计划成本	成本动态差异
1	分包工程费	39 880	31 500	71 200	180
2	实体材料费	42 499.78	4 592	47 668.95	−597.16
3	现场施工费	29 515.44	5 116.84	34 164.16	468.12
	合 计	111 895.22	41 188.84	153 033.11	50.96

表 4.15 第一个控制期末分包工程费计划明细表

项目名称：某住宅建筑　　　　　　控制期：2013 年 4 月 2 日～2013 年 4 月 10 日

序号	分包商名称	期末计划成本	本期实际成本	期初计划成本	成本动态差异
1	大力劳务公司	22 000	28 000	50 000	
2	民建劳务公司	16 680	3 500	20 000	180
3	新建出租公司	1 200		1 200	
	合 计	39 880	31 500	71 200	180

表 4.16 第一个控制期末实体材料费计划明细表

项目名称:某住宅建筑　　控制期:2013年4月2日~2013年4月10日

序号	材料名称	单位	期末计划成本			本期实际成本			期初计划成本			成本动态差异
			数量	单价	费用	数量	单价	费用	数量	单价	费用	
1	标准砖 240 mm×115 mm×53 mm	百块	170.22	26	4 425.72	23	24	552	182.78	29	5 300.62	−322.9
2	中砂	t	63.377	58	3 675.866	20	50	1 000	82.597	58	4 790.63	−114.76
3	水泥 32.5 级	kg	27 131	0.29	7 868	5 400	0.3	1 620	32 409	0.29	9 398.67	89.51
4	碎石 5~40 mm	t	85.024	66	5 611.584	25	56	1 400	110.024	66	7 261.58	−250
5	碎石 5~20 mm	t	14.233	66	939.378				14.233	66	393.38	
6	钢筋(综合)	t	4.692	4 100	19 237.2				4.692	4 100	19 237.2	
7	其他材料费	元			741.855 8						740.87	0.99
	合计				42 499.78			4 572			47 668.95	−597.16

表 4.17 第一个控制期末现场施工费计划明细表

项目名称:某住宅建筑　　控制期:2013年4月2日~2013年4月10日

序号	施工资源名称	单位	期末计划成本			本期实际成本			期初计划成本			成本动态差异
			数量	单价	费用	数量	单价	费用	数量	单价	费用	
1	电	kW·h	107.194	102.61			114.89		216	102.96	22 239.36	776.92
2	柴油	kg	46.29	0.01			0.01		6 480	0.01	64.8	1.2
3	汽油	kg	9.955						1.2			
4	管理人员	工日	184	102.61	18 880.24	36	114.89	4 136.04				
5	活动板房	m²·天	5 520	0.01	55.2	1 080	0.01	10.8				
6	活动板房	m²	1.2									
7	灰浆拌和机 200 L	台班	46	30	1 380	9	30	270	54	30	1 620	30
8	砼搅拌机 400 L	台班	46	40	1 840	2	40	80	47	40	1 880	40
9	砼震动器(捅人式)	台班	184	10	1 840	8	10	80	188	10	1 880	40
10	机动翻斗车 1 t	台班	92	60	5 520	9	60	540	108	60	6 480	−420
	合计				29 515.44			5 116.84			34 164.16	468.12

表 4.18　第一个控制期末成本费用累计表

项目名称：某住宅建筑

控制期	开始时间	结束时间	期末计划成本	期内实际成本	实际成本差异	期初计划成本	动态成本差异
0	2013-04-02	2013-04-02	153 033.11				153 033.11
1	2013-04-02	2013-04-10	111 895.23	41 188.84	216.73	153 033.11	50.96

本章小结

本章讨论了基于集成管理模式的施工项目成本计划的一般原理以及主要职能岗位的计划工作内容，主要包括：施工项目成本计划工作一般原理、承包工程造价计价、施工项目进度及资源计划方法、施工项目成本估算方法等。

本章的重点是基于集成管理模式的施工项目成本计划过程采用的协同工作方法、主要工作流程以及相应的信息交互内容，基于协同工作方式的相关职能岗位计划工作的主要内容及计划方法。

习题

4-1　单选题

1. 只有通过全方位施工决策，合理定义项目范围、拟定进度及资源计划、拟定分包方案、拟定采购方案等，才能据此准确估算施工项目成本。就计划方法而言，全面计划强调将成本计划与造价、进度、资源、采购等职能环节的计划工作关联起来，通过基于(　　)的协同工作，实现各控制目标之间的统筹平衡。

　　A. 成本计划　　　B. 信息交互　　　C. 全面计划　　　D. 集成管理

2. 由于受变更事件的影响，导致施工过程通常处于不断的变化之中，为此，只有通过全过程成本监测，获得实时的施工项目成本信息，并反馈给相关职能岗位的管理者，支持其根据变化了的条件做出新的决策，据此，施工过程中需不断地估算对应于(　　)的成本。相应地，就计划方法而言，全过程计划强调根据变化了的计划条件，将成本计划工作贯穿于施工全过程。

　　A. 计划施工任务　　　　　　B. 全部施工任务
　　C. 责任施工任务　　　　　　D. 未完施工任务

3. 计算成本工程量的主要任务是：首先，基于清单计价过程得到拟建工程的计价定额实物工程量，通过针对拟建工程的深化设计和工程量复核调整拟建工程的定额工程量；其次，拟定施工方案，针对需经过(　　)才能获得的临时设施，按施工方案计算临时设施的计价定额实物工程量;最后,通过必要的分组和汇总,形成施工项目包括且需要完成的计价定额实物工程量表,完成对施工项目范围的定义。

A. 现场施工　　B. 分包施工　　C. 预制生产　　D. 外部购买

4. 作为施工项目成本估算的主要处理过程之一,首先必须确定基于分包方案的分包合同造价并汇总成分包工程费,调用经过成本监测获得的(　　)分包工程费,据此计算期末分包工程费。

A. 计划的　　B. 实际的　　C. 已结算　　D. 已支付

5. 作为施工项目成本估算的主要处理过程之一,必须调用经过成本工程量计算得到的施工项目包括的计价定额工程量,结合分包方案计算由总承包施工企业自行承担的实体材料总消耗量,再调用经过成本监测获得的实际实体材料消耗量累计,并结合(　　)价格水平计算期末实体材料费。

A. 当期　　B. 预算　　C. 实际　　D. 购置

6. 作为施工项目成本估算的主要处理过程之一,必须立足于控制期末的计划条件,编制对应于期末(　　)的进度及资源计划,据此计算由总承包企业自行承担的期末计划施工资源费,即项目内施工资源费。

A. 已完工程　　B. 未完工程　　C. 价格水平　　D. 计划条件

7. 就施工企业而言,交易过程中,业主采购施工企业的(　　)为其完成指定工程的施工任务并为此支付费用,施工企业受业主的委托对指定工程承包施工并对质量负责,承包工程造价是按施工合同的约定,必须支付给施工企业的报酬,是一种价格。

A. 施工劳务　　B. 建筑产品　　C. 施工资源　　D. 技术力量

8. 暂列金额是(　　)在工程量清单中暂定的一笔款项,用于施工合同签订时尚未确定或者不可预见的所需材料、设备的采购,施工中可能发生的工程变更,合同约定调整因素出现时的工程价款调整以及发生的索赔、现场签证确认的费用。

A. 咨询人　　B. 投标人　　C. 中介人　　D. 招标人

9. 施工项目工程分解结构作为一个任务系统,相应的施工过程就是施工项目(　　),所以,借助于工程分解结构,便于对施工项目包含的施工活动进行明确定义。

A. 组织分解结构　　　　B. 成本分解结构
C. 工作分解结构　　　　D. 物资保障体系

10. 施工机械作为一种固定资产,从投资收益的角度看,企业购置机械的一次性投资必须从其能够实现的收益中得到回收,设备租赁公司通过出租其所拥有的施工机械从租金收入中回收投资并实现利润,考虑到施工企业拥有的施工机械同样具有通过出租实现收益的机会,所以,基于施工企业组织管理层和施工项目层

(　　)的核算体制,不论是使用企业自有的施工机械,还是通过外部租赁获得的施工机械,均应以租赁方式计算机械费,相应地,项目内机械单价的形式也只能是租赁单价。

  A. 二层分离 B. 传统会计 C. 职能组织 D. 直线组织

4-2 填空题

1. 编制承包工程竣工结算时,除了输入有关施工合同的信息外,还需输入施工过程中发生的(　　　　　　　　)和实际价格等资料。

2. 分包设置的主要任务是拟定分包方案,包括选择分包商、确定分包合同类型、明确分包范围和分包内容等,基于拟定的分包方案,计算由分包商承担的(　　　　　　)的数量,并根据清单计价过程的价格信息,估算基于资源和材料预算价格的分包合同造价作为参考,以便于通过询价或协商最终确定分包合同造价。

3. 从动态的角度看,在编制施工项目进度及资源计划时,必须立足于施工过程中的某个控制期末,根据变化了的计划条件,拟定对应于控制期末(　　　　)的进度计划及相应的资源需求计划。

4. 作为施工项目成本监测的主要处理过程之一,采用会计核算、统计核算以及业务核算等方法,计算控制期内对应于(　　　　　)的实际成本和计划成本指标,并计算控制期内的成本差异指标。

5. 承包工程造价作为基于承发包体制的特殊商品的价格,按构成商品价格的一般原理分类,可以被划分成(　　　　　)(包括直接费、现场管理费)、期间费用[包括(　　　　)]、利润和流转税税金等费用。

6. 计日工是施工企业在施工过程中完成发包人提出的(　　　　　)以外的零星项目或工作,按合同约定必须由业主支付的费用。

7. 进度款计算方法,首先由施工企业调用通过(　　　　　)工作获得的结算期内实际完成的施工任务,一般用清单项目及相应的计价定额工程量计量,并报监理工程师审核,其次根据合同造价并结合施工过程中发生的价款调整,采用承包工程造价计价方法计算相应的进度款,报造价工程师审核,最后由业主根据经审核无误的金额向施工企业支付进度款。

8. 针对需经过现场施工才能获得的临时设施的计价工作纯粹是为了满足施工项目收支对比的需要,计价工作本身并不会影响针对承包工程计价的结果,也就是说,不会影响对业主的工程价款结算工作,然而,基于临时设施计价,人们可以对(　　　　　　　　)进行费用重构,为进行明细层面的施工项目收支对比创造条件。

9. 基于拟定的分包方案,首先按(　　　　　　)计算分包范围内各项计价定额的分包预算单价作为参考,其次,通过询价、协商或招标竞争等方式确定分包工程单价。

10. 确定某工种工人的项目内计时人工单价时,必须计算该工种工人在进度计划所规定的(　　　　　)里所需发生的"一切在内"的费用,包括企业计时工资标准规定的并且必须计入施工项目成本的基本人工工资、工资性补贴、雇佣期内必须支付的职工福利费、劳动保护费、生产工人自备工具使用费以及由于恶劣气候条件等原因引起的非工作日工资等。

4-3 计算题

1. 计算如图所示单代号搭接网络的最早开始时间(ES)、最早完成时间(EF)、最迟开始时间(LS)、最迟完成时间(LF)。

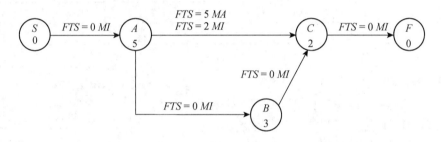

2. 计算某施工项目中"瓦工"和"木工"的计时人工单价。已知条件是:
(1) 全年有效工作时间

全年日历天数:	365 天
全年非工作天数:	35 天
其中,春节休息探亲时间:	20 天
外派培训学习时间:	3 天
病假:	3 天
产、婚、丧假:	9 天

考虑到现场施工的连续性,配置在施工项目上的工人通常在双休日和法定节假日中均需加班,所以,全年有效工作天数 330 天,其中,假设施工项目需跨年度施工,相应的进度计划中因春节休息探亲时间导致停工 20 天,相应地,进度计划工作日为 345 天。

(2) 施工企业规定的计时工资标准

按施工企业规定的计时工资标准,分别确定施工项目必须支付给"瓦工"和"木工"的计时工资标准如下表。

序号	费用名称	瓦工标准	木工标准
1	基本工资	15元/有效工作日	20元/有效工作日
2	工资性补贴	280元/月	300元/月
3	辅助工资		
3.1	探亲假工资	10元/天	10元/天
3.2	培训学习期间工资	10元/天	10元/天
3.3	病假工资	10元/天	10元/天
3.4	产、婚、丧假工资	10元/天	10元/天
3.5	恶劣气候条件停工期间工资	10元/天	10元/天
4	职工福利费	(1+2)×14%	(1+2)×14%
5	劳动保护费	4元/有效工作日	4元/有效工作日
6	生产工人自备工具使用费	1元/有效工作日	1元/有效工作日
7	计入施工项目成本的法定保险费	(1+…+6)×15%	(1+…+6)×15%
8	雇佣及辞退费分摊	(1+…+6)×1%	(1+…+6)×1%

4-4 简述题

1. 简述编制施工项目进度及资源计划的工作程序。
2. 简述确定机械租赁单价的静态方法。
3. 简述确定机械租赁单价的动态方法。

4-5 思考题

通过实地调研，了解我国施工企业采用的施工项目成本计划方法，并与本课程介绍的方法进行对比，分析二者之间的主要差异，写出研究报告。

第 5 章　施工项目成本控制

教学目标

主要讲述基于集成管理模式的施工项目成本监测的具体方法、评审施工项目状态的方法、施工企业变更控制方法、针对控制期末未完工程的重新计划的策略及方法。通过本章学习，达到以下目标：

(1) 掌握施工项目成本监测的具体方法；
(2) 了解评审施工项目状态的方法；
(3) 了解施工企业进行变更控制的一般程序；
(4) 了解针对控制期末未完工程的重新计划的策略。

教学要求

知识要点	能力要求	相关知识
施工项目成本监测一般原理	(1) 掌握施工项目成本监测指标体系的主要内容； (2) 掌握实施成本监测的方法	(1) 控制期实际进度指标用于揭示施工过程中某个控制期内实际完成施工任务的信息； (2) 期内计划成本用于揭示施工过程中某个控制期内对应于实际进度的计划成本； (3) 期内实际成本用于揭示施工过程中某个控制期内对应于实际进度的实际成本； (4) 控制期内的成本差异指标用于揭示施工过程中某个控制期内对应于实际进度的实际成本与计划成本之间的差异； (5) 实施成本监测包括统计调查和统计汇总
评审施工项目状态	(1) 掌握项目状态评审会议的概念、主要作用以及组织会议的方法； (2) 掌握通过项目状态评审可以获得的控制信息	(1) 项目状态评审会议是用来评审项目状态的会议，基于成本监测指标提供的信息，对施工项目在控制期内的现状及其变动趋势做出合理的评估； (2) 通过项目状态评审会议的分析和评估，可以获得的控制信息包括：施工项目是否处于受控状态、失控的原因、项目状态对后续施工产生的影响等，为施工决策提供信息支持

续表

知识要点	能力要求	相关知识
施工企业的变更控制	掌握施工企业变更控制的一般程序	(1) 就施工企业而言,针对业主提出的工程变更,变更控制程序主要包括"审查变更申请"和"提出变更影响说明"两个环节; (2) 变更申请是由业主向施工企业提出,由施工企业审批; (3) 变更影响说明是用以说明项目经理针对变更申请所拟定的不同备选方案以及不同备选方案可能给后续施工过程带来影响的文件; (4) 经承发包双方共同确认的变更申请和变更影响说明文件必须被保存下来,作为向业主提出相应经济和工期补偿的依据
针对控制期末未完施工任务的重新计划	掌握重新计划的策略	(1) 基于项目经理的策略; (2) 基于职能部门的策略; (3) 基于业主的策略

基本概念

施工项目成本监测、项目状态评审会议、评价标准、施工企业的变更控制、变更控制程序、变更申请、变更影响说明文件、重新计划策略、基于项目经理的策略、基于职能部门的策略、基于业主的策略。

引 例

为了实现施工过程中进度、资源、成本等控制目标之间的综合平衡,并通过调节造价与成本之间的平衡关系最终盈利,首先必须通过计划建立这种平衡,其次必须通过控制使这种平衡得以维持。控制是依据监测结果对过程采取的行动,能否采取正确的行动,取决于是否能给行动者提供有效的决策支持。施工项目成本控制的依据是对施工过程中进度、资源和成本的监测结果,行动的对象是组成施工项目的不同施工活动,控制的程序一般包括开展成本监测、评审项目状态、变更控制和重新计划等环节。当施工项目成本控制进入了针对控制期末未完工程的重新计划时,则针对施工项目成本的计划过程又重新开始。

图 5.1 施工项目成本控制流程示意图

5.1 施工项目成本监测

5.1.1 成本监测指标体系

作为施工项目成本控制程序的第一个环节,首先必须通过成本监测,揭示施工项目在一定时期内的实际进度、对应于实际进度的实际成本和计划成本、相应的成本差异等信息,为此,必须设计一套成本监测指标体系以帮助完成上述监测工作。

1) 成本监测工作对指标体系的要求

成本监测工作的任务是及时反映施工过程中进度、资源和成本的现状,并将这种现状与相应的计划要求对比以发现实施过程存在的差异,为此,在设计成本监测指标体系时,必须从有利于实现监测目标的角度出发,满足监测工作对监测指标体系提出的如下要求。

(1) 与计划指标相对应

监测工作实践中,一般采用统计指标的方式揭示施工过程进度、资源和成本的现状,以及将这种现状与计划要求相比较形成的差异,为此,必须设计相应的统计指标并通过开展包括统计调查、整理和分析在内的统计工作以形成相应的指标值,设计统计指标时,为了便于和计划指标作对比分析,要求其指标的含义、统计范围和计算方法必须与相应的计划指标相对应。

(2) 报告的层次性

根据不同管理层对报告内容的不同要求,设计成本监测指标体系时,必须考虑监测报告的层次性,根据不同的综合程度,监测指标体系可以有明细指标和综合指标两个层次。明细指标反映控制期内的成本明细信息,作为对施工过程进行分析、评估和重新计划等基层控制工作的直接依据;综合指标反映控制期的成本综合信息,主要作用是向施工企业的高层管理者或业主代表报告施工项目的实施状况及其发展趋势。

(3) 正确处理控制程度和控制费用之间的关系

控制是降低项目风险的有效措施,施加越多的控制,施工项目的风险就会越低,项目陷入麻烦的可能性也就会越小。由此,人们往往很容易陶醉于控制和报告中。然而,过分的控制必然会带来控制费用的增加并引发工作上的僵化和扼杀创造力。所以,需要在决定控制程度的成本监测指标内容以及报告频率等方面做出决策,以便平衡控制费用和项目风险之间的关系。

2) 成本监测指标体系的具体内容

为了系统地揭示施工项目成本在某个控制期内的现状及其现状的变动趋势,

必须建立相应的成本监测指标体系,处于监测指标体系中的具体指标,具有不同的含义、作用以及不同的统计范围和计算方法。

(1) 控制期实际进度指标

控制期实际进度指标用于揭示施工过程中某个控制期内实际完成施工任务的信息,一般针对施工项目包括的计价定额项目进行统计,用计价定额的实物工程量计量,在对施工项目实施控制时,控制期实际进度指标不仅可用于跟踪施工项目的实际完成情况,而且是计算控制期内实际分包工程费和实际计件人工费的基础。

在统计施工项目控制期实际进度指标时,通过对施工过程的现场调查,分别测量并记录其在某个控制期内实际完成施工任务的情况,并据此形成相应的统计指标值。为了全面地揭示施工项目在某个控制期内完成施工任务的实际信息,通常采用统计报表的形式汇总控制期实际进度指标并进行报告,表5.1是这种统计报表的示意。

表5.1 控制期实际进度统计表

项目名称: 控制期:

序号	计价定额项目	单位	所属单位工程	实际完成工程量
1	挖土	m³		
2	运土	m³		
3	砌筑内墙	m³		
4	砌筑外墙	m³		
X	…	…		…

(2) 期内计划成本

期内计划成本用于揭示施工过程中某个控制期内对应于实际进度的计划成本,基于控制期内已完成的实物工程量,结合控制期内基于原成本计划的资源需求、材料耗费和相应的价格水平,期内计划成本的计算方法详见公式(5-1)至公式(5-5)。

$$期内计划成本 = 期内计划实体材料费 + 分包工程费 + 项目内施工资源费 + 现场包干费 \tag{5-1}$$

$$期内计划实体材料费 = \sum 对应于实际进度的计划消耗量_i \times 材料计划价格_i \tag{5-2}$$

$$期内计划分包工程费 = \sum 期内实际完成实物工程量_i \times 当前分包合同的分包单价_i \tag{5-3}$$

$$期内计划项目内施工资源费 = \sum 对应于本期资源计划的配置强度_i \times 期内配置时间_i \times 计划单价_i \quad (5-4)$$

$$期内计划现场包干费 = \sum 对应于本控制期的包干费计划需求强度_i \times 需求时间_i \quad (5-5)$$

(3) 期内实际成本

期内实际成本用于揭示施工过程中某个控制期内对应于实际进度的实际成本，计算期内实际成本的一般原理如公式(5-6)所示，其大小取决于控制期内对施工资源和实体材料的实际耗费量以及相应的实际价格两个因素。基于控制期内针对实际进度以及实际施工耗费和实际价格的测量(包括调查、记录和汇总)，能够获得实际施工耗费和实际价格等决定控制期内实际成本大小的信息。关于针对期内实际成本的实际施工耗费、实际价格的具体测量和计算方法详见本节"监测的实施"中的相关论述。

$$期内实际成本 = \sum 对应于实际进度的施工耗费_i \times 实际价格_i \quad (5-6)$$

(4) 控制期内的成本差异

控制期内的成本差异指标用于揭示施工过程中某个控制期内对应于实际进度的实际成本与计划成本之间的差异。如果将指标计算过程中采用的对应于分包工程费的计价定额实物工程量、对应于实体材料费的材料消耗量、对应于项目内施工资源费的时间占用等统称为耗费量，那么，控制期内的成本差异指标的计算方法如公式(5-7)所示，它不仅适用于成本汇总指标的计算，而且适用于成本项目以及量价明细指标的计算。为了综合地描述控制期内发生的耗费量差异和价格差异对控制期内的成本差异指标的影响程度，如公式(5-8)和公式(5-9)所示的计算方法，根据"挣值"原理，还可以计算对应于控制期内的成本差异指标的耗费量差异和价格差异两个指标。

$$期内成本差异 = \sum (实际耗费量_i \times 实际价格_i - 计划耗费量_i \times 计划价格_i) \quad (5-7)$$

$$期内耗费量差异 = \sum (实际耗费量_i \times 计划价格_i - 计划耗费量_i \times 计划价格_i) \quad (5-8)$$

$$期内价格差异 = \sum (实际耗费量_i \times 实际价格_i - 实际耗费量_i \times 计划价格_i) \quad (5-9)$$

为了全面地揭示施工项目在某个控制期内对应于实际进度的期内计划成本、期内实际成本、控制期内的成本差异以及相应的耗费量差异、价格差异等信息，通常采用统计报表的形式汇总并报告，表5.2至表5.5是这种统计报表的示意。

表5.2 控制期内的成本差异统计汇总表

项目名称：　　　　　　　　　　　　　　　　　　　　　　　控制期：

费用项目	实际成本	计划成本	成本差异	数量差异	价格差异
1. 分包工程费					
2. 实体材料费					
3. 现场施工费					
合计					

表5.3 控制期内的分包工程费差异统计分析表

项目名称：　　　　　　　　　　　　　　　　　　　　　　　控制期：

序号	分包商名称	实际成本	计划成本	成本差异
	合计			

表5.4 控制期内的实体材料费差异统计分析表

项目名称：　　　　　　　　　　　　　　　　　　　　　　　控制期：

序号	材料名称	单位	实际成本			计划成本			成本差异	数量差异	价格差异
			数量	单价	费用	数量	单价	费用			
1											
X											
	合计										

表5.5 控制期内的现场施工费差异统计分析表

项目名称：住宅建筑基础工程　　　　　　　　　　　　　　　　控制期：

序号	资源名称	单位	实际成本			计划成本			成本差异	数量差异	价格差异
			数量	单价	费用	数量	单价	费用			
1											
X											
	合计										

5.1.2 监测的实施

成本监测指标用于揭示施工过程不同阶段的实际进度、成本现状以及变动趋势,监测指标体系包括的具体指标的指标值,则必须通过对施工过程开展现场调查、记录、汇总等统计工作才能形成,所谓监测的实施,其实就是为形成监测指标体系中具体指标的指标值,而对施工过程开展的现场统计工作。

对施工过程开展现场统计的主要步骤包括:

◇ 设置统计调查表

◇ 进行统计汇总

1) 设置统计调查表

成本监测指标体系中具体指标的指标值,均来源于对施工过程中生成的数据信息开展调查记录和整理汇总,为此,必须根据具体指标的经济意义、统计范围和计算方法,设置相应的统计调查表。

统计调查表一般由统计调查时必须调查的项目组成,所谓调查项目,是指用以说明被调查对象某方面数据特征的名称,调查工作的任务,主要包括按形成具体指标的要求设置统计调查表并据此记录被调查对象包括的不同调查项目的具体数值,以便通过对这些具体数值的整理,最终汇总成相应的统计指标。

为了形成监测指标体系所包括具体指标的指标值,必须对施工过程开展统计调查,由于监测指标体系是用于揭示施工项目进度和成本状态的,所以,相应的统计调查表也必须包括施工过程中进度和成本两方面调查内容。

（1）实际进度调查表

实际进度调查表用于记录施工过程中某个控制期内计价定额的被完成信息,在对施工项目进行统计调查时,一般应事先设置调查表,并据此开展相应的调查工作。实际进度调查表包括的调查项目,主要是计价定额在一定调查期限内的实际完成情况,一般用相应的实物工程量计量。对实际进度调查表所记录的原始数据进行汇总,即得到相应的施工项目控制期实际进度指标。由于控制期实际进度统计表中的数据仅仅来源于相应实际进度调查表数据的简单汇总,所以,如表5.6所示,实际进度调查表的形式与控制期实际进度统计表相同。

表5.6 实际进度调查表

项目名称： 调查期限：

序号	计价定额项目	单位	所属单位工程	实际完成工程量
1	挖土	m³		
2	运土	m³		

续表 5.6

序号	计价定额项目	单位	所属单位工程	实际完成工程量
3	砌筑内墙	m³		
4	砌筑外墙	m³		
X	…	…		…

(2) 人工考勤表

人工考勤表用于记录施工项目包括的项目内生产工人和管理人员的出勤情况,以便据此统计某个控制期内发生的对应于实际进度的实际人工需求(包括实际计时人工数量和加班人工数量等)指标。从计算上述人工需求指标的需要出发,人工考勤表所设置的调查项目必须包括生产工人或管理人员在正常工作班内的工作时间、中班或夜班内的工作时间、节假日加班工作时间、因延长工作班工作时间导致的班内加班工作时间、因病因事引起的病假和事假时间以及无故缺勤时间等。人工考勤表分不同"工种"分别记录,如表 5.7 所示,围绕调查项目分别记录生产工人或管理人员的出勤情况。

表 5.7 人工考勤表

项目名称:　　　　　　　　　　　　　　考勤日期(节假日):×年×月×日(周日)

姓名	班次	工种	班内时间	班内加班	病假时间	事假时间	例外停工	计划停工
张三	正常	瓦工						
李四	正常	木工						
王五	夜班	木工						
…	…	…	…	…	…	…	…	…

注:出勤在相应位置填入"小时数",旷工填"△",事假填"○",病假填"☆"。

借助于表 5.7 所示的人工考勤表,施工项目经理部组织每一天的考勤工作,并在控制期末将每天的考勤信息汇总到表 5.8 所示的人工考勤汇总表中,据此可以计算项目内生产工人和管理人员在控制期内的实际人工需求指标。

表 5.8 人工考勤汇总表

项目名称:　　　　　　　　　　　　　　控制期:×年×月×日—×年×月×日

实际人工需求	单位	张三	李四	王五	刘七	赵六	姜八	…
		瓦工	瓦工	木工	木工	木工	管理	…
1. 正常班工日	工日							…
2. 正常班内加班工日	工日							…
3. 节假日加班工日	工日							…

续表 5.8

实际人工需求	单位	张三 瓦工	李四 瓦工	王五 木工	刘七 木工	赵六 木工	姜八 管理	…
4. 节假日班内加班工日	工日							…
5. 病假工日	工日							…
6. 事假工日	工日							…
7. 例外非工作工日	工日							…
8. 旷工工日	工日							…
9. 计划停工工日	工日							…
10. 中班工日	工日							…
11. 中班内加班工日	工日							…
12. 中班节假日加班工日	工日							…
13. 中班节假日班内加班工日	工日							…
14. 夜班工日	工日							…
15. 夜班内加班工日	工日							…
16. 夜班节假日加班工日	工日							…
17. 夜班节假日班内加班工日	工日							…
18. 进度计划工作日	工日							…

注：汇总时按每8小时为1工日计算。

(3) 施工机械和周转材料进退场记录表

施工机械和周转材料进退场记录表用于记录项目内施工机械和周转材料的进(退)场信息,以便据此计算某个控制期内实际发生的施工机械和周转材料需求量指标以及相应的单价。不同于人工需求指标的是,施工机械和周转材料需求量指标作为施工机械和周转材料在施工现场的配置强度与相应使用时间的乘积,其大小通常与施工机械和周转材料在施工过程中的实际使用情况无关。从计算施工机械和周转材料实际需求量指标的要求出发,施工机械和周转材料进退场记录表中的调查项目,除了必须包括进(退)场的具体时间以及相应的一次进(退)场数量外,考虑到不同批次的施工机械和周转材料的租赁单价有可能不尽相同,因此,为了准确计算实际发生的租赁费用,还必须在记录表中设置和每次进退场相关的租赁单价作为又一个调查项目。表5.9是施工机械和周转材料进退场记录表示意。

表 5.9　施工机械和周转材料进退场记录表

项目名称：

机械或周转材料进退场时间	出租单位	80TM塔吊（台）	租赁单价（元/天）	混凝土搅拌机（台）	租赁单价（元/天）	…
2013年8月4日	甲单位	1	200			
2013年9月18日	乙单位			1	50	
2013年11月5日	甲单位	−1	200			
…	…	…	…	…	…	…

注：填写进退场数量时，正数为进场，负数为退场。

(4) 实体材料消耗记录表

实体材料消耗记录表用于记录实体材料在施工现场的供应和库存信息，以便据此计算某个控制期内实际发生的实体材料消耗指标及其对应于实际消耗的材料价格。

虽然从理论上讲，实体材料在施工过程中的消耗，总是发生在具体施工活动的作业过程中，相应地，实体材料消耗量可以通过对施工活动中实体材料消耗信息的直接调查进行记录。但是，实际施工过程中，直接调查并记录材料在不同施工活动中消耗信息的过程是相当复杂的，特别是当采用散装材料且这种材料被若干施工活动所共同使用时，则直接调查并记录材料消耗的可行性也成问题。

据此，实际工作中可采用"总量控制"的原则，通过记录实体材料在控制期内的供应和库存信息，按公式(5-10)所示的方法，计算某个控制期内实际发生的材料消耗量。

$$某材料消耗量 = 期初库存量 + \sum 本期供应量 - 期末库存量 \quad (5-10)$$

公式(5-10)所示的方法，既适用于实体材料消耗量的计算，也适用于周转材料施工损耗量的计算，当施工过程需要使用外购服务时，通过记录实际发生的外购服务批次，也可用公式(5-10)所示的方法进行计算。

为了满足采用公式(5-10)所示的方法计算实体材料消耗量对调查数据的要求，实体材料消耗记录表必须包括实体材料的期初库存、本期供应和期末库存等调查项目，借助于实体材料消耗记录表，施工项目经理部组织其责任范围内的调查记录工作，不仅要记录控制期内实体材料的期初库存、本期供应和期末库存等信息，而且，考虑到不同批次材料的供应价格有可能不同，为了准确核算控制期内实际发生的实体材料费用，还必须同时记录对应于材料期初库存、本期供应以及期末库存的实际价格。表 5.10 是适用于记录某个控制期内实体材料消耗信息的实体材料消耗记录表示意。

表 5.10 实体材料消耗记录表

项目名称：   控制期：

供应时间 存量时间	供应单位	水泥 (t)	价格 (元/t)	标准砖 (百块)	价格 (元/百块)	钢模板 (m^2)	价格 (元/m^2)	…
期初存量:2013.5.9	—	100	300	0	—	1 000	10	…
本期供应:2013.6.1	张三	20	320	100	30	—	—	…
本期供应:2013.6.7	李四	30	310	50	31	100	10	…
期末存量:2013.7.9	—	40		10		1 089		

注：期末存量的价格应在统计汇总时才能算出。

2) 进行统计汇总

统计汇总是将调查记录表所记录的原始数据，按成本监测指标体系中具体指标的统计范围和计算方法进行汇总计算，最终获得监测指标在某个控制期内实际值的过程。

由于在计算某个控制期内的施工项目实际进度时，只要将这个控制期内相应的调查记录数据简单相加，所以，在汇总控制期实际进度指标时并不需另外设置统计汇总表。

基于统计调查得到的原始记录，需要设置专门的统计汇总表进行统计汇总的指标，主要包括人工、施工机械和周转材料、实体材料的实际需求量（消耗量）、单价以及实际费用等三种类型的指标。

（1）汇总人工需求指标、单价及其实际费用

基于控制期内人工考勤信息，施工项目在某个控制期内发生的实际人工需求指标，一般包括正常班工日、正常班内加班工日、节假日加班工日、节假日班内加班、病假工日、事假工日、例外非工作工日、旷工工日、计划停工工日、中班工日、中班内加班工日、中班节假日加班工日、中班节假日班内加班工日、夜班工日、夜班内加班工日、夜班节假日加班工日、夜班节假日班内加班工日等，为了与计划指标相对应，在统计某个控制期内实际发生的人工需求指标时，首先必须明确在形成这些指标时的核算口径。

① 核算口径

如果在计算某项具体指标时采用不同的核算口径，则指标值之间就缺乏可比性。统计人工需求指标时，为了便于和计划指标相对比，必须根据编制计划指标时所采用的核算口径来汇总相应的人工需求指标的实际值。

第一，统计范围是项目内生产工人和管理人员，意味着只统计施工企业直接雇

佣的人员,而且只能是施工项目经理部的人员。

第二,综合程度必须与计划要求相一致,由于在编制成本计划时采用的综合程度为"工种",所以,汇总控制期内实际人工需求指标时,综合程度必须与计划要求相一致。

② 人工需求指标、单价及其实际费用的确定

确定某个控制期内实际发生的人工需求指标、单价及其实际费用的程序如下:

第一,按"工种"汇总实际人工需求指标。将"人工考勤汇总表"中的人工考勤汇总数据按"工种"进一步汇总,得到如表5.11所示的实际人工需求汇总表。

表5.11 实际人工需求汇总表

项目名称: 控制期:×年×月×日—×年×月×日

实际人工需求	单位	瓦工	木工	钢筋工	架子工	普工	管理人员	…
1. 正常班工日	工日							…
2. 正常班内加班工日	工日							…
3. 节假日加班工日	工日							…
4. 节假日班内加班工日	工日							…
5. 病假工日	工日							…
6. 事假工日	工日							…
7. 例外非工作工日	工日							…
8. 旷工工日	工日							…
9. 计划停工工日	工日							…
10. 中班工日	工日							…
11. 中班内加班工日	工日							…
12. 中班节假日加班工日	工日							…
13. 中班节假日班内加班工日	工日							…
14. 夜班工日	工日							…
15. 夜班内加班工日	工日							…
16. 夜班节假日加班工日	工日							…
17. 夜班节假日班内加班工日	工日							…
18. 进度计划工作日	工日							…

第二,按企业或政府的规定计算实际人工费。按企业规定的针对不同"工种"的"计时工作标准",采用公式(5-11)所示的方法,计算各"工种"工人的实际计时工资;再根据企业或政府规定的"补贴"和"代办(诸如各种保险费等)"标准,按公式

(5-12)至公式(5-13)所示的方法,计算各"工种"工人的实际补贴和由企业代办的费用;最后,将三种费用加以汇总,得控制期实际计时人工费用。

$$按实际出勤工日支付的工资 = \sum 实际人工需求指标 \times 工资标准 \quad (5-11)$$

$$按雇佣时间支付的补贴 = \sum 月补贴标准 \times 控制期月数 \quad (5-12)$$

$$代办工资 = \sum 工资总额 \times 取费率 \quad (5-13)$$

第三,确定"进度计划工作日"。将控制期包括的日历天数减计划停工天数,即得"进度计划工作日"。

第四,计算控制期内的实际计时人工单价。按公式(5-14)所示的方法计算。

$$实际计时人工单价 = \frac{实际计时人工费}{进度计划工作日} \quad (5-14)$$

【例题 5.1】 计算施工项目在某个控制期内"瓦工"的实际计时人工费用和相应的计时人工单价,已知条件如下:

◎ 控制期进度计划工作日

就某"工种"而言,控制期进度计划工作日是指某个控制期内施工现场的实际开工工日数,是实际开工日历天数(日历天数减按计划停工天数)和实际配置在施工现场的该"工种"人数的乘积。本例中假设控制期为期 30 天,其中按计划的"停工"天数为 2 天,配置在施工现场的"瓦工"人数为 10 人,则控制期进度计划工作日为 280 天。

◎ 控制期实际人工需求汇总表见表 5.12。

表 5.12 实际人工需求汇总表

项目名称: 控制期:×年×月×日—×年×月×日

实际人工需求	单位	瓦工
1. 正常班工日	工日	240
2. 正常班内加班工日	工日	60
3. 节假日加班工日	工日	32
4. 节假日班内加班工日	工日	8
5. 病假工日	工日	6
6. 事假工日	工日	2
7. 进度计划工作日	工日	280

◎ 施工企业规定的计时工资标准

施工企业规定的计时工资标准是：正常班工日(100元每工日)、正常班内加班工日(120元每工日)、节假日加班工日(200元每工日)、节假日班内加班工日(240元每工日)、病假工日和事假工日(40元每工日)、工资性补贴(600元每月)、企业代办保险(工资总额的20%)。

解：

◇ 计算控制期实际计时人工费用

按实际出勤工日支付的工资：$240×100+60×120+32×200+8×240+8×40=39\,840$(元)

工资性补贴：$10×600=6\,000$(元)

企业代办保险：$39\,840×0.2=7\,968$(元)

实际计时人工费 $=39\,840+6\,000+7\,968=53\,808$(元)

◇ 计算实际计时人工单价

$$实际计时人工单价=\frac{53\,808}{280}=192.17(元)$$

③ 编制项目内实际计时人工费结算单

项目内实际计时人工费结算单用于汇总某个控制期内需要支付给项目内生产工人和管理人员的实际计时人工费，借助于费用结算单，施工项目可以结算某个控制期内所需支付的实际计时人工费用。项目内实际计时人工费结算单按所设定的控制期分别编制，汇总控制期内实际需要支付的计时人工费用明细信息。表5.13是某个控制期编制的实际计时人工费结算单示意。

表5.13 项目内实际计时人工费结算单

项目名称： 控制期：

姓名	工种	正常班工日		正常班内加班工日		节假日加班工日		节假日班内加班		病假工日		事假工日		例外非工作工日		中班工日		...		合计	
		数量	费用	数量	费用	数量	费用	数量	费用	数量	费用	数量	费用	数量	费用	数量	费用	...	...	代办	现金

注：人员按不同的"工种"排序，每个"工种"进行小计。

(2) 汇总施工机械和周转材料需求指标、单价及其实际费用

汇总施工机械和周转材料需求指标、单价及其实际费用的程序如下：

① 计算施工机械和周转材料实际需求量

某个控制期内实际发生的施工机械和周转材料需求量是指在相应施工过程中施工现场实际配置施工机械和周转材料的强度与相应配置时间的乘积。根据"施工机械和周转材料进退场记录表"所记录的信息,则某个控制期内实际发生的施工机械或周转材料需求量可采用公式(5-15)所示方法计算。

$$机械或周转材料需求量 = \sum 一次进退场数量 \times 在本期内时间 \quad (5\text{-}15)$$

式中:一次进退场数量——在整个施工期限内,每批次的进退场数量;

　　　在本期内时间——不同批次进退场的机械或周转材料在本控制期内的适用时间。对于进场的机械或周转材料,该时间为本期内的使用时间;对于退场的机械或周转材料,该时间则为从退场至本控制期末的时间。

【例题5.2】 根据表5.9所记录的施工机械和周转材料的进退场信息,计算施工项目从2013年8月4日至2013年9月4日期间80TM塔吊的实际需求量。

解:

$$80TM 塔吊使用量 = 1 \times 32 = 32(台班)$$

② 计算施工机械和周转材料的实际费用

施工项目在某个控制期内实际发生的施工机械或周转材料的费用,等于在该控制期内实际发生的机械和周转材料需求量与相应租赁单价的乘积。在明确不同批次的施工机械和周转材料进退场数量及相应时间的基础上,施工机械和周转材料的实际费用可以套用公式(5-16)所示的方法计算。

$$机械或周转材料实际费用 = \sum \binom{一次进退}{场的数量} \times \binom{在本期}{内时间} \times \binom{对应于本}{批次单价}$$

$$(5\text{-}16)$$

【例题5.3】 接着例题5.2的数据,从表5-9可知,该进退场批次的80TM塔吊的租赁单价为200元/台班,则计算80TM塔吊在2013年8月4日至2013年9月4日期间的实际费用的方法如下:

解:

$$80TM 塔吊使用费 = 1 \times 32 \times 200 = 6\,400(元)$$

③ 计算相应的租赁单价

实际租赁单价是对应于施工机械或周转材料实际需求量的单位费用。配置在施工现场的某施工机械或周转材料在某个控制期内的实际租赁单价可用公式(5-

17)所示的方法计算。

$$机械或周转材料租赁单价 = \frac{机械或周转材料实际费用}{机械或周转材料实际需求量} \quad (5-17)$$

【例题 5.4】 接着例题 5.2 的数据,根据所计算的 80TM 塔吊的实际需求量和实际费用,计算实际租赁单价。

解:

$$80TM 塔吊的租赁单价 = \frac{6\,400}{32} = 200(元/台班)$$

④ 编制施工机械和周转材料实际需求量及租赁单价汇总表

施工机械和周转材料实际需求量及租赁单价汇总表的主要作用是据此向供应商支付控制期所需发生的租赁费用,主要用于汇总某个控制期内实际发生的施工机械和周转材料需求量及相应租赁单价的明细信息。在编制施工机械和周转材料实际需求量及租赁单价汇总表时,只要将通过统计调查和汇总分析得到的不同施工机械和周转材料的实际需求量及相应的租赁单价,按表 5.14 所示的形式表现出来即可。

表 5.14 施工机械和周转材料实际需求量及租赁单价汇总表

项目名称: 控制期:

施工机械和周转材料名称	供应商	单位	实际需求量	实际单价	实际费用
80TM 塔吊	张三	台班	32 台	200 元/天	6 400 元
...			...		...

注:按不同供应商排序并将实际费用汇总小计。

(3) 汇总实体材料消耗量指标、单价及其实际费用

根据表 5.10 所示的"实体材料消耗记录表"记录的实体材料期初库存、本期供应和期末库存等信息,计算某个控制期内实际发生的实体材料消耗量及其相应单价的程序如下:

① 根据"先供应先使用"的原则,首先确定材料期末库存量包括的供应批次

所谓"先供应先使用"的原则,是指在施工过程中优先使用并消耗先期供应到施工现场的材料。根据该原则进行推算,则期末库存量中包括的材料应该是较后期供应到现场且未被耗用的剩余材料。确定实体材料期末库存量包括的供应批次时,采用公式(5-18)所示的方法进行逆推计算。

当材料期末库存量 $-\sum 第(M-N)次供应量 = W \leqslant 0$ 时

则材料期末库存量所包括的供应批次为:第 M、$M-1$、⋯、$M-N$ 批次

(5-18)

材料期末库存量中所含材料的数量为:

第 M 批次供应量、第 $M-1$ 批次供应量、⋯、第 $M-N$ 批次供应量$-W$ 的绝对值

式中: M——本控制期内材料供应的最后批次。

【例题 5.5】 根据表 5.10 所记录的实体材料供应信息,确定水泥期末库存量所包括的供应批次以及相应的数量。

解:

∵ $40-30=10>0$

∴ 水泥期末库存量中包括 2008 年 6 月 7 日供应的水泥,且数量为 30 t

∵ $40-30-20=-10<0$

∴ 水泥期末库存量中还包括 2013 年 6 月 1 日供应的水泥,且数量为 10 t。

② 计算实际材料的本期消耗量

采用公式(5-10)计算实体材料在本控制期内的实际消耗量。

【例题 5.6】 接着例题 5.5,根据表 5.10 所记录的实体材料供应信息,计算在该控制期内水泥的实际消耗量。

解:

$$水泥消耗量 = 100+20+30-40=110(t)$$

③ 计算对应于实际消耗材料的单价

对应于实际消耗材料的单价作为对应于本期实体材料实际消耗量的单位费用,可以采用公式(5-19)所示的方法进行计算。

$$单价 = \frac{期初库存量 \times 库存价 + \sum 本期供应量 \times 供应价 - 期末库存量 \times 库存价}{本期消耗量}$$

(5-19)

公式(5-19)中,期初库存量和相应的库存价,其实就是上个控制期的期末库存量和相应的库存价,其中,期末库存量一般由实体材料消耗记录表确定,相应的库存价可以采用公式(5-20)所示的方法计算。

$$期末库存价 = \frac{\sum 不同批次材料期末库存量 \times 供应价格}{期末库存量}$$

(5-20)

【例题 5.7】 接着例题 5.6,根据表 5.10 所记录的实体材料供应信息,计算在

控制期内对应于水泥消耗量的单价以及相应的期末库存价格。

$$期末库存价格 = \frac{30 \times 310 + 10 \times 320}{40} = 312.5(元/t)$$

$$本期单价 = \frac{100 \times 300 + 20 \times 320 + 30 \times 310 - 40 \times 312.5}{110} = 301.82(元/t)$$

④ 编制实体材料消耗及单价汇总表

实体材料消耗及单价汇总表的主要作用是据此向供应商支付控制期发生的实际实体材料费，主要用于汇总某个控制期内实际发生的实体材料消耗量及相应单价的明细信息。编制实体材料消耗及单价汇总表时，只要将通过统计调查和汇总分析得到的不同材料在本控制期内的消耗量及单价，按表5.15所示的形式表现出来即可。

表 5.15 实体材料消耗及单价汇总表

项目名称： 控制期：

实体材料名称	供应商	单位	实际消耗量	实际单价
水泥	李四	t	110 t	301.82 元
…		…	…	…

注：按不同供应商排序并将实际费用汇总小计。

5.2 评审项目状态

作为施工项目成本控制的一个重要环节，一般可在控制期末定期召开项目状态评审会议以评审施工项目在某个控制期内所处的状态。顾名思义，项目状态评审会议是用来评审项目状态的会议，它不是解决问题的会议，也不是讨论责任的会议。会议仅仅依据成本监测指标提供的揭示施工项目在某个控制期内的实际进度以及成本现状指标，对施工项目在控制期内的现状及其变动趋势做出合理的评估，以便为组织和管理后续施工过程提供决策支持。根据成本监测指标体系提供的信息，经项目状态评审会议的分析和评估，可以获得包括如下内容的控制信息：

◇ 施工项目是否处于受控状态
◇ 失控的原因
◇ 项目状态对后续施工产生的影响

5.2.1 评价标准

评价施工项目是否处于受控状态的客观依据是成本指标的计划值与实际值之

间存在差异的程度。在编制施工项目成本计划时,已经从不同的角度设置了相应的计划指标,不同计划指标反映施工项目成本的不同方面。这些反映施工项目成本不同方面的指标共同构成了据以指导施工和实施控制所需的计划指标体系。相应地,借助于监测报告系统的运行,可以提供与计划成本指标体系相对应的实际成本指标体系以及计划指标值与实际指标值之间的差异。在根据这种差异评价施工项目是否处于受控状态时,还必须建立相应的评价标准。

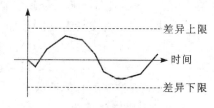

图 5.2 某个成本指标的控制图

所谓建立评价标准,主要是确定成本指标的计划值与实际值之间允许差异的范围。借助于图 5.2 所示的控制图示方法,在确定评价标准的基础上,通过跟踪成本指标在施工过程中计划值与实际值之间发生差异的程度,可以评判施工项目所处的状态及其变动趋势。

控制图示方法用横坐标表示时间,纵坐标表示某个指标的差异,位于横坐标上下位置且平行于横坐标的两根虚线表示评价标准所规定的差异允许范围。在跟踪某个成本指标在施工过程中的状态时,横坐标用以记录不同控制期末的时间,纵坐标用以记录在该控制期中所发生的差异。根据控制图所记录的差异信息,可以对该成本指标所处的状态做出评价。

1) 受控状态

当施工过程中某个成本指标在各个控制期内的计划值与实际值之间的差异在评价标准所规定的允许范围之内,并且这种差异在连续若干次的控制期内不出现呈规律性的分布。

2) 失控状态

当施工过程中某个成本指标在各个控制期内的计划值与实际值之间的差异超出了评价标准所规定的允许范围,或者这种差异虽然没有超出允许范围但在连续若干次控制期内出现呈规律性的分布。

值得注意的是,由于施工项目的状态通常是由成本指标体系中不同指标的状态综合决定的,另外,据以评价不同指标状态的评价标准的确定也带有很强的主观性,所以,评估施工项目是否处于受控状态是一个综合评判的过程,远非上述理论所描述的那样简单和富有逻辑性。在实际工作中,只有通过召开项目状态评审会议,在集中相关人员个人经验的基础上,经综合判断才能得出正确的结论。

5.2.2 失控的原因

当针对施工项目成本的全部或部分评价指标出现失控现象时,应当及时分析引起失控的原因，以便采取相应的措施促使施工过程重新回到受控状态中来。

对施工项目失去控制的原因进行分析，同样是项目状态评审会议的重要议题。为了做出准确的判断，项目状态评审会议的参与者除了应包括该施工项目经理部的成员外，还必须安排施工企业职能部门的人员、业主方代表、供应商、分包商代表以及其他相关项目支持者共同参加。

引起施工项目失去控制的原因多种多样，但这些原因通常包括在若干类型的因素之中，从这些类型出发，项目状态评审会议的参与者通过分析判断，可以找出施工项目失去控制的具体原因。

1) 项目内容的变化

施工项目是由相关施工活动组成的集合，在编制成本计划时，已经根据施工合同规定的承包范围和质量标准，在拟定施工技术和组织方案基础上，对施工项目需要开展施工活动的具体内容进行了明确的定义。但是，施工项目自身的特点决定了施工活动在内容上的可变性。始料不及的地基条件、业主方的变更要求以及其他不可预见的影响因素，均可能导致施工项目所包括的施工任务发生变化，这种变化可能反映在施工活动数量的变化方面，也可能反映在增加或减少施工活动的种类方面，施工项目所包括施工任务的变化将直接导致施工过程中成本的失控。

2) 技术手段和组织方法的变化

作为编制施工项目成本计划的基础，在计划过程前所拟定的施工技术手段和组织方法也可能因种种不可预见的原因发生改变，这种改变将直接影响施工过程对施工资源的需求和利用，进而影响施工资源的生产率，最终导致施工项目成本发生变化。

3) 没有按计划要求配置资源

施工资源所具有的生产能力将直接影响施工项目的成本，或者说，施工项目成本计划所提出的成本目标，是以一定的资源配置为前提的，如果不能按计划要求配置施工资源，出现数量上的增减、品种上的改变等现象，均会导致施工现场所能形成的实际生产能力与计划要求之间的不一致，从而影响施工进程，导致出现成本指标的计划值与实际值之间的差异超出所允许的范围。

4) 实施主体的行为

实施主体包括施工项目部的生产人员、管理人员以及企业职能部门的相关人员、分包商等，从本质上讲，施工项目的实施过程就是组织上述人员开展相应施工活动的过程，在施工过程中，生产组织的合理性、员工主观上的努力程度以及施工作业过程的失误等，均会影响正常生产率的发挥，进而影响施工项目成本。

5) 计划本身的合理性

施工项目成本计划作为指导施工和实施控制的直接依据，如果其合理性存在问题,不论是计划安排方面的问题,还是计划目标方面的问题,均会造成无法按计划要求组织施工作业,引起成本指标的实际值与计划值相背离。

6) 环境变化的影响

针对施工项目的计划过程,通常是建立在对其环境进行预测所形成的假设条件基础上的。所谓环境,是指一系列不可控的但可能会对施工项目产生影响的客观存在,例如与施工项目相关的政策、市场、气候以及技术、经济条件等,环境的变化意味着计划过程的前提条件发生变化,当这种变化达到一定程度时,势必会对施工过程产生影响。

5.2.3 对后续施工产生的影响

不论是什么原因改变了施工项目的进程,这种进程的改变必将会对后续工程的施工过程产生影响,为了建立并维持施工项目实施过程中进度、资源和成本的动态平衡,必须采取相应的整改措施使施工项目回归受控状态,在拟定有效措施并付诸行动之前,首先要做的工作是评估失控现象对后续施工过程会产生哪些影响。

关于失控现象对后续施工过程产生影响的定量分析,必须在对后续施工过程进行重新计划后才能确定。在评审项目状态阶段,一般只要求对这种影响做出定性的评估,大部分的情况是,施工过程中发生的失控现象对后续施工过程所产生的影响,通常包括在如下几个层次当中。

1) 不需要改变计划

可以利用原计划中的时差或通过加强管理以规范员工的行为等,来纠正施工过程中的偏差,建立施工过程中进度、资源和成本的新的平衡。在这种情况下,原计划所包括的施工活动、施工活动之间的逻辑关系、所采用的施工技术和组织方法以及所需要的资源配置等均保持不变。

2) 调整施工活动之间的逻辑关系

在资源配置不变的条件下,通过调整施工活动之间的逻辑关系,实现后续施工过程进度、资源和成本的新的平衡,虽然在计划过程中已经采用这种方法对施工计划做了优化。但是,随着施工的进展,通常会出现新的情况和新的机会,采用调整逻辑关系的策略可在不增加资源配置的前提下使施工项目处于平衡状态。

3) 增加资源

当计划变更对资源的需求已突破原先的配置数量时,则仅仅依靠施工项目内部的努力已经难以实现进度、资源和成本的平衡,此时,必须在增加资源配置和延长施工期限之间做出决定。一般情况是,为了确保在合同规定的工期内完成施工任务,只能增加施工项目的资源配置。

4) 延长工期

这是最后的选择,延长工期意味着有可能违反施工合同的约定,导致业主的索赔和信誉的受损。

5.3 变更控制

由于受多种不确定因素的干扰,业主在施工过程中可能会提出对施工项目进行局部修改的请求,这种请求可能是工程内容方面的,也可能是工期或质量标准方面的,甚至可能是延期履约,如推迟交付其负责采购供应的材料或设备等,这种由业主的要求引起的施工项目及其实施过程的局部改变被称为工程变更。工程变更可能会对施工过程产生负面影响,甚至影响原成本计划的适用性,导致不得不通过针对后续施工过程的重新计划,实现工程变更后施工项目进度、资源和成本的新的平衡。所以,为了避免施工项目出现失控现象,引起承发包双方蒙受不必要的损失,必须对业主提出的变更要求进行控制。

就施工企业而言,针对业主提出的工程变更,变更控制的程序主要包括"审查变更申请"和"提出变更影响说明"两个环节,作为事前控制的重要形式,施工企业的控制流程如图 5.3 所示。

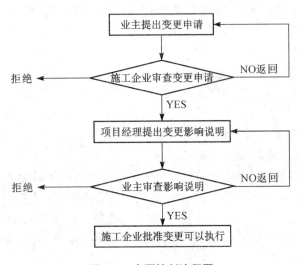

图 5.3 变更控制流程图

5.3.1 变更申请

工程变更申请通常是由业主向施工企业提出的,由于对工程实施变更可能会给施工项目带来巨大的风险,所以,必须予以高度重视。为了确保施工企业能清楚地了解所需变更的内容,必须要求业主采用由施工企业提供的标准化的变更申请表。只有当施工企业清楚地理解了变更申请的内容后,才能据此进一步评估工程变更给施工项目带来的影响,并最终决定是否接受变更申请。

经审查批准的变更申请表作为施工企业据以实施工程变更并重新确定因工程变更所引起的承发包双方权利义务关系的重要依据,必须能清楚地表达所需变更的具体内容、提出变更的理由以及承发包双方确认同意等方面的内容,表 5.16 是某施工企业拟定的施工项目变更申请表示意。

表 5.16 施工项目变更申请表

制表单位:某施工企业

施工项目名称:	
变更申请者签字:	变更申请日期:
对变更内容的描述:	
提出变更申请的理由:	
变更批准者签字:	变更批准日期:

5.3.2 变更影响说明

当业主提出变更申请并经施工企业批准后,项目经理必须拟定实施工程变更的备选方案,并分析不同方案可能会给后续施工过程带来的影响。如果必要,项目经理还会向业主推荐他所认为的最佳方案。

变更影响说明是用以说明项目经理针对变更申请所拟定的不同备选方案以及不同备选方案可能给后续施工过程带来影响的文件。该文件必须详细说明针对变更申请的不同备选方案及其对施工过程产生的影响,以便业主在分析利弊的基础上做出决定。

针对某项变更申请,项目经理必须根据工程的具体情况拟定备选方案,围绕同一项变更申请可能会有很多不同的备选方案,但不同方案对施工过程产生的影响,不外乎下面几种情况:

1) 无需改变现有的资源和时间

基于拟定的备选方案,为满足业主提出的变更申请,无需改变现有的资源和时间,这是项目经理能遇到的最简单的情况,在考虑了工程变更对后续施工产生的影响后,发现无需改变现有的资源配置以及不会影响工程的工期,在这种情况下,项目经理可以决定采纳变更申请,而且不需要提出额外的资源和时间要求。

2) 无需改变现有的资源,但需要延长工期

基于拟定的备选方案,为满足业主提出的变更申请,对后续施工过程的唯一影响是需要延长工期,而不需要增加额外的资源配置来满足变更申请提出的要求。

3) 无需改变工期,但需要额外的资源配置

基于拟定的备选方案,为满足业主提出的变更申请,项目经理需要额外增加施工现场的资源配置,但施工项目能按现有进度向前推进,确保按原计划工期竣工。

4) 需要额外的资源配置并延长工期

基于拟定的备选方案,为满足业主提出的变更申请,后续施工过程既需要增加额外的资源配置,又需要延长施工期限。

5) 对施工项目产生重大影响

变更申请对施工项目的影响如此之大,甚至会导致彻底放弃现有的计划,在这种情况下,项目经理要么拒绝变更申请,按原计划实施施工项目,要么停止现有计划,根据变更申请重新编制计划,启动一个全新的施工项目。

5.3.3 对变更影响说明的审查

在工程变更控制的实践中,一般由项目经理编制变更影响说明文件,并报告给施工企业做出最终决策。施工企业在对变更影响说明文件进行全面评估并最终做出可以实施变更的决定后,向业主通报其接受变更申请的决定并同时提供变更影响说明文件。当变更影响说明文件被业主签字确认后,项目经理就可以将变更的内容融入针对施工项目的后续计划中。同时,经承发包双方共同确认的变更申请和变更影响说明文件必须被保存下来,作为向业主提出相应经济和工期补偿的依据。

5.4 针对后续施工过程的重新计划

当引起施工项目失去控制的事件已经发生,不论这种事件的起因是施工方还是业主方或者是第三方,均会导致施工过程偏离原定计划的目标,并引起施工项目进度、资源和成本之间关系的失衡,因此,项目经理必须通过对后续施工过程的重新计划来建立新的平衡。

虽然对后续施工过程进行重新计划的方法与新编计划并无二致，但是，由于被重新计划的施工项目已经实施并仍然处于实施过程中，前期施工的结果已经使施工项目的计划条件发生了变化。因此，项目经理必须根据新的计划条件对后续施工过程进行重新计划。

5.4.1 重新计划的策略

在对后续施工过程进行重新计划之前，首先必须根据对项目状态的评审结果，判断问题的严重程度，进而选择相应的策略，作为对后续施工过程进行重新计划的出发点。

1) 基于项目经理的策略

基于项目经理的策略是指将问题的解决过程局限在施工项目内部，采用这种策略所产生的影响范围最小。在对后续施工过程进行重新计划时，首先，可以考虑利用施工活动的自由时差，即在自由时差范围内调整施工活动的时间参数，包括最早开始、最迟完成和施工活动的延续时间等，这种做法不会影响到施工项目所包括的其他施工活动的计划进度，进而对已经配置在施工现场的资源的影响也最小，基本上不影响原有的资源配置和使用。其次，是利用施工活动的总时差，利用施工活动总时差调整相关施工活动的计划时间时，由于可能会影响其后续施工活动的计划时间，所以，这种做法对现有资源使用的影响较大。第三种方法是采用新编计划时所采用的优化技术，在现有资源配置不变的条件下，分别采用诸如调整施工技术和组织方法、重新定义施工活动、调整活动之间的逻辑关系等计划方法，通过逐步平衡资源需求最终获得令人满意的新计划。

2) 基于职能部门的策略

当项目经理掌握的资源无法满足重新计划的要求时，意味着项目经理在其所掌控的权限内已无法解决问题。基于施工企业组织管理层和施工项目层"二层分离"的管理体制，此时，为了通过重新计划解决问题，施工项目需要施工企业的职能经理提供协助。也许会要求职能经理提供额外的资源，或者，需要重新安排施工现场原有资源的进度。

3) 基于业主的策略

基于业主的策略是指当采用上述两种策略均无法满足施工合同对施工项目的目标要求时，则不得不考虑求助于业主，通过与业主协商以修改原合同目标。基于业主的策略是一种万不得已的策略，采用这种策略，有可能会导致施工企业在经济上蒙受损失，并损害施工企业的信誉。当然，作为亡羊补牢的做法，项目经理应该与业主共同研究如何修改目标，比如修改工程内容、分批交付施工成果、尽量减少延期交付时间等，只有这样，才能尽量将损失减少到最低限度。

5.4.2 重新计划方法

立足于某个控制期末,根据变化了的计划条件,针对后续施工过程的重新计划,采用的计划方法一般与新编计划相同,在选择某层次计划策略的基础上,对后续施工过程进行重新计划所需开展的工作主要包括:

1) 确定新计划的开始时间

一般以某个控制期末的日历时间作为新计划的开始时间。

2) 重新进行承包工程造价计价

立足于某个控制期末的计价依据和条件,对承包工程造价重新计价,包括按工程变更内容重新计算工程量、结合出现的调价因素重新计算综合单价、重新计取措施费、重新计取规费和税金等。

3) 重新计算成本工程量

立足于某个控制期末的计划条件,首先,基于重新计价所得的拟建工程的计价定额实物工程量,通过深化设计,调整拟建工程的计价定额工程量;其次,重新拟定施工方案,针对需经过现场施工才能获得的临时设施,计算临时设施的计价定额工程量;最后,通过必要的分组和汇总,形成施工项目包括且需要完成的计价定额实物工程量表,完成对施工项目范围的重新定义。

4) 重新拟定分包方案

立足于某个控制期末的计划条件,针对未完成的施工任务,重新拟定分包方案,包括选择分包商、确定分包合同类型、明确分包范围和分包内容等,基于拟定的分包方案,计算由分包商承担的资源和材料的数量,并根据清单计价过程的价格信息,估算基于资源和材料预算价格的分包合同造价作为参考,以便于通过询价或协商最终确定对应于未完施工任务的分包合同造价。

5) 编制对应于未完施工任务的进度及资源计划

立足于某个控制期末的计划条件,针对未完成的施工任务,编制对应于未完施工任务的进度及资源计划。主要任务是确定计划进度、配置按计划进度施工必需的施工资源,据此编制相应的资源需求计划等。

6) 估算对应于未完施工任务的现场施工费

基于所编制的对应于未完施工任务的资源计划,估算相应的现场施工费。

7) 估算对应于未完施工任务的实体材料费

根据经成本工程量计算得到的施工项目包括的计价定额工程量,结合重新拟定的分包方案,计算由总承包施工企业自行承担的实体材料总消耗量,并调用控制期末实际实体材料消耗量累计,采用当期预测的价格水平计算期末实体材料费。

8) 编制对应于未完施工任务的施工项目成本计划和控制指标体系

包括项目总成本、控制期末计划成本、控制期内计划成本、控制期内实际成本、控制期内的成本差异、项目利润、项目利润率等指标。

5.4.3 计算控制期末的成本动态差异指标

控制期末的成本动态差异指标用于揭示施工项目经过某个控制期的施工导致的成本总水平的变动趋势。基于控制期末根据变化了的计划条件编制的对应于未完施工任务的新计划,可以计算控制期末相对于上个控制期末的成本动态差异指标,至此,完成针对后续施工过程的重新计划工作。

5.5 工程示例

接着第四章的工程示例,截止到第一个控制期末(4月10日),通过成本监测,得到施工现场实际进度为:完成了包括砌筑围墙在内的全部施工准备工作,完成了全部土方开挖及运输,完成了20 m³的浇注混凝土垫层,相应地,控制期内的成本信息如表5.17至表5.20所示。

表5.17　第一个控制期成本差异分析汇总表

项目名称：　　　　　　　　控制期:2013年4月2日～2013年4月10日　（元）

费用项目	实际成本	计划成本	成本差异	数量差异	价格差异
1. 分包工程费	31 500	30 690.4	809.6		809.6
2. 实体材料费	4 572	5 054.35	−482.35	−11.35	−471
3. 现场施工费	5 116.84	5 227.36	−110.52	−540	429.48
合　计	41 188.84	40 972.11	216.73	−551.35	768.08

表5.18　第一个控制期分包工程费差异分析明细表

项目名称:某住宅建筑　　　　控制期:2013年4月2日～2013年4月10日　（元）

序号	分包商名称	实际成本	计划成本	成本差异
1	大力劳务公司	28 000	27 479.89	520.11
2	民建劳务公司	3 500	3 210.51	289.49
3	新建出租公司			
	合　计	31 500	30 690.4	809.6

表 5.19　第一个控制期实体材料费差异分析明细表

项目名称:某住宅建筑　　　　　　　　控制期:2013 年 4 月 2 日～2013 年 4 月 10 日

序号	材料名称	单位	实际成本			计划成本			成本差异	数量差异	价格差异
			数量	单价	费用	数量	单价	费用			
1	标准砖 240 mm×115 mm×53 mm	百块	23	24	552	23.048	29	668.39	−116.39	−1.39	−115
2	中砂	t	20	50	1 000	19.091	58	1 107.28	−107.28	52.72	−160
3	水泥 32.5 级	kg	5 400	0.3	1 620	5 363.543	0.29	1 555.43	64.57	10.57	54
4	碎石 5～40 mm	t	25	56	1 400	25.452	66	1 679.83	−279.83	−29.83	−250
5	碎石 5～20 mm	t					66				
6	钢筋(综合)	t				4 100					
7	其他材料费	元						43.42	−43.42	−43.42	
	合计				4 572			5 054.35	−482.35	−11.35	−471

表 5.20　第一个控制期现场施工费差异分析明细表

项目名称:某住宅建筑　　　　　　　　控制期:2013 年 4 月 2 日～2013 年 4 月 10 日

序号	资源名称	单位	实际成本			计划成本			成本差异	数量差异	价格差异
			数量	单价	费用	数量	单价	费用			
1	电	kW·h				20.232					
2	柴油	kg									
3	汽油	kg									
4	管理人员	工日	36	114.89	4 136.04	36	102.96	3 706.56	429.48		429.48
5	活动板房	m²天	1 080	0.01	10.8	1 080	0.01	10.8			
6	活动板房	m²				1.2					
7	灰浆拌和机 200 L	台班	9	30	270	9	30	270			
8	混凝土搅拌机 400 L	台班	2	40	80	2	40	80			
9	混凝土震动器(插入式)	台班	8	10	80	8	10	80			
10	机动翻斗车 1 t	台班	9	60	540	18	60	1 080	−540	−540	
	合计				5 116.84			5 227.36	−110.52	−540	429.48

立足于控制期末,变化了的计划条件是:需要增加砌筑砖基础工程量 2 m³,浇注剩余混凝土垫层的工期为 1 天、导致基础工程总工期增加 1 天,标准砖的预期价格为每百块 26 元,经与民建劳务公司协商,劳务分包费增加 180 元。据此,编制对应于控制期末未完施工任务的施工项目成本计划和控制工作报表见表 5.21 至表 5.26 所示。

表 5.21 第一个控制期末施工项目预期收支对比表

项目名称：某住宅建筑　　　　　　　　　　　　　截止时间：2013 年 4 月 10 日

费用项目	期末造价（元）	期末累计成本(元)	期末计划成本(元)	项目利润（元）	项目利润率（%）	备注
一、分包工程费						
大力劳务公司	50 493.79	28 000	22 000	493.79	0.28	
民建劳务公司	21 046.74	3 500	16 680	866.74	0.49	
新建出租公司	1 258.24		1 200	58.24	0.03	
分包工程费[小计]	72 798.77	31 500	39 880	1 418.77	0.81	
二、实体材料费						
中砂	5 002.62	1 000	3 675.87	326.75	0.19	
碎石 5～20 mm	996.31		939.38	56.93	0.03	
碎石 5～40 mm	7 701.68	1 400	5 611.58	690.1	0.39	
标准砖 240 mm×115 mm×53 mm	5 796.6	552	4 425.72	818.88	0.47	
水泥 32.5 级	9 759.49	1 620	7 868.18	271.31	0.15	
钢筋(综合)	19 706.4		19 237.2	469.2	0.27	
其他材料费	741.85		741.86	−0.01		
实体材料费[小计]	49 704.95	4 572	42 499.79	2 633.16	1.5	
三、现场施工费						
项目内人工费	1 920			1 920	1.09	
项目内周转材料费						
项目内机械费	1 265.05	970	10 580	−10 284.95	−5.85	
现场性费用	17 742.41	4 146.84	18 935.44	−5 339.87	−3.03	
现场施工费[小计]	20 927.46	5 116.84	29 515.44	−13 704.82	−7.8	
四、企业提成						
企业管理费	11 118.56	11 118.56				

续表 5.21

费用项目	期末造价（元）	期末累计成本（元）	期末计划成本（元）	项目利润（元）	项目利润率（%）	备注
预算 利润	8 890.71	8 890.71				
工程 利润		−14 745.3		14 745.3	8.4	
企业提成[小计]	20 009.27	5 263.97		14 745.3	8.4	
五、规费、税金						
规费	6 193.92	6 193.92				
税金	5 843.47	5 843.47				
规费、税金[小计]	12 037.39	12 037.39				
合 计	175 477.84	58 490.2	111 895.23	5 092.41	2.9	

表 5.22 第一个控制期末施工项目成本计划汇总表

项目名称：某住宅建筑　　　　　　　　控制期：2013 年 4 月 2 日～2013 年 4 月 10 日

序号	费用项目	期末计划成本（元）	本期实际成本（元）	期初计划成本（元）	成本动态差异（元）
1	分包劳务费	39 880	31 500	71 200	180
2	实体材料费	42 499.78	4 572	47 668.95	−597.16
3	现场施工费	29 515.44	5 116.84	34 164.16	468.12
	合 计	111 895.22	41 188.84	153 033.11	50.96

表 5.23 第一个控制期末分包工程费计划明细表

项目名称：某住宅建筑　　　　　　　　控制期：2013 年 4 月 2 日～2013 年 4 月 10 日

序号	分包商名称	期末计划成本（元）	本期实际成本（元）	期初计划成本（元）	成本动态差异（元）
1	大力劳务公司	22 000	28 000	50 000	
2	民建劳务公司	16 680	3 500	20 000	180
3	新建出租公司	1 200		1 200	
	合 计	39 880	31 500	71 200	180

表 5.24 第一个控制期末实体材料费计划明细表

项目名称:某住宅建筑　　控制期:2013年4月2日~2013年4月10日

序号	材料名称	单位	期末计划成本			本期实际成本			期初计划成本			成本动态差异(元)
			数量	单价	费用(元)	数量	单价	费用(元)	数量	单价	费用(元)	
1	标准砖 240 mm×115 mm×53 mm	百块	170.22	26	4 425.72	23	24	552	182.78	29	5 300.62	-322.9
2	中砂	t	63.377	58	3 675.866	20	50	1 000	82.597	58	4 790.63	-114.76
3	水泥 32.5 级	kg	27 131	0.29	7 868	5 400	0.3	1 620	32 409	0.29	9 398.67	89.51
4	碎石 5~40 mm	t	85.024	66	5 611.584	25	56	1 400	110.024	66	7 261.58	-250
5	碎石 5~20 mm	t	14.233	66	939.378				14.233	66	993.38	
6	钢筋(综合)	t	4.692	4 100	19 237.2				4.692	4 100	19 237.2	
7	其他材料费	元			741.855 8						740.87	0.99
	合计				42 499.78			4 572			47 668.95	-597.16

表 5.25 第一个控制期末现场施工费计划明细表

项目名称:某住宅建筑　　控制期:2013年4月2日~2013年4月10日

序号	施工资源名称	单位	期末计划成本			本期实际成本			期初计划成本			成本动态差异(元)
			数量	单价	费用(元)	数量	单价	费用(元)	数量	单价	费用(元)	
1	电	kW·h	107.194	102.61	18 880.24	36	114.89	4 136.04	216	102.96	22 239.36	776.92
2	柴油	kg	46.29	0.01	55.2	1 080	0.01	10.8	6 480	0.01	64.8	1.2
3	汽油	kg	9.955									
4	管理人员	工日	184									
5	活动板房	m²·天	5 520						1.2			
6	活动板房	m²	1.2									
7	灰浆拌和机 200 L	台班	46	30	1 380	9	30	270	54	30	1 620	30
8	混凝土搅拌机 400 L	台班	46	40	1 840	2	40	80	47	40	1 880	40
9	混凝土震动器(捅入式)	台班	184	10	1 840	8	10	80	188	10	1 880	40
10	机动翻斗车 1 t	台班	92	60	5 520	9	60	540	108	60	6 480	-420
	合计				29 515.44			5 116.84			34 164.16	468.12

表 5.26　第一个控制期末成本费用累计表

项目名称:某住宅建筑

控制期	开始时间	结束时间	期末计划成本(元)	期内实际成本(元)	实际成本差异(元)	期初计划成本(元)	动态成本差异(元)
0	2013-04-02	2013-04-02	153 033.11				153 033.11
1	2013-04-02	2013-04-10	111 895.23	41 188.84	216.73	153 033.11	50.96

本章小结

本章讨论了基于集成管理模式的施工项目成本控制方法,主要包括施工项目成本监测一般原理、评审项目状态的方法、施工企业针对业主提出变更的控制程序、对应于控制期末重新计划的方法等。

本章的重点是针对施工项目成本的统计调查和整理汇总的方法、评审项目状态的方法、变更控制程序、重新计划采用的策略。

习　题

5-1　单选题

1. 控制期实际进度用于揭示施工过程中某个控制期内实际完成施工任务的信息,统计时一般用(　　)的实物工程量计量。
　　A. 计价定额　　B. 施工活动　　C. 清单项目　　D. 施工项目

2. 统计调查表中的调查项目,用于说明被调查对象某方面(　　)的名称,调查工作的任务,主要包括按形成具体指标的要求设置统计调查表并据此记录被调查对象包括的不同调查项目的具体数值,以便通过对这些具体数值的整理,最终汇总成相应的统计指标。
　　A. 数据特征　　B. 任务特征　　C. 性质特征　　D. 施工特征

3. 人工考勤表分不同(　　)分别记录,围绕调查项目分别记录生产工人或管理人员的出勤情况。
　　A. 工种　　B. 小组　　C. 部门　　D. 男女

4. 统计人工需求指标时,统计范围是(　　)生产工人和管理人员,意味着只统计施工企业直接雇佣的人员,而且只能是施工项目经理部的人员。
　　A. 项目外　　B. 企业内　　C. 项目内　　D. 分包商

5. 实际工作中可采用(　　)的原则,通过记录实体材料在控制期内的供应和库存信息,据此计算某个控制期内实际发生的材料消耗量。

A. 总量控制　　　B. 事前控制　　　C. 个别控制　　　D. 事后控制

5-2　填空题

1. 针对施工项目控制期实际进度指标的统计过程，是通过对施工过程的现场调查，分别（　　　　　　）某个控制期内实际完成施工任务的信息，并据此形成相应的统计指标值。

2. 从计算计时人工需求指标的需要出发，人工考勤表所设置的（　　　　　）必须包括生产工人或管理人员在正常工作班内的工作时间、中班或夜班内的工作时间、节假日加班工作时间、因延长工作班工作时间导致的班内加班工作时间、因病因事引起的病假和事假时间以及无故缺勤时间等。

3. 施工机械和周转材料进退场记录表用于记录施工机械和周转材料的（　　　　　　）信息，以便据此计算某个控制期内实际发生的施工机械和周转材料需求量指标以及相应的单价。

4. 施工机械和周转材料进退场记录表中的调查项目，除了必须包括进（退）场的具体时间以及相应的一次进（退）场数量外，考虑到不同批次的施工机械和周转材料的租赁单价有可能不尽相同，因此，为了准确计算实际发生的租赁费用，还必须在记录表中设置和每次进退场相关的（　　　　　　　）作为又一个调查项目。

5. 统计汇总是将调查记录表所记录的原始数据，按成本监测指标体系中具体指标的统计范围和计算方法进行汇总计算，最终获得（　　　　　　　）在某个控制期内实际值的过程。

6. 项目状态评审会议是用来评审项目状态的会议，它不是解决问题的会议，也不是讨论责任的会议。会议仅仅依据成本监测指标提供的揭示施工项目在某个控制期内的实际进度以及成本现状指标，对施工项目在控制期内的（　　　　　）做出合理的评估，以便为组织和管理后续施工过程提供决策支持。

7. 所谓建立评价标准，主要是确定成本指标的计划值与实际值之间（　　　　）的范围，借助于控制图示方法，在确定评价标准的基础上，通过跟踪成本指标在施工过程中计划值与实际值之间发生差异的程度，可以评判施工项目所处的状态及其变动趋势。

8. 由于受多种不确定因素的干扰，业主在施工过程中可能会提出对施工项目进行局部修改的请求，这种请求可能是工程内容方面的，也可能是工期或质量标准方面的，甚至可能是延期履约，如推迟交付其负责采购供应的材料或设备等，这种由业主的要求引起的施工项目及其实施过程的局部改变被称为（　　　　　）。

9. 变更影响说明是用以说明项目经理针对变更申请所拟定的不同备选方案

以及不同备选方案可能给后续施工过程带来影响的文件,该文件必须详细说明针对变更申请的不同备选方案及其(　　　　　　),以便业主在分析利弊的基础上做出决定。

10. 虽然对后续施工过程进行重新计划的方法与新编计划并无二致,但是,由于被重新计划的施工项目已经实施并仍然处于实施过程中,前期施工的结果已经使施工项目的计划条件发生了变化,因此,(　　　　　　)必须根据新的计划条件对后续施工过程进行重新计划。

5-3　思考题

通过实地调研,了解我国施工企业采用的施工项目成本控制方法,并与本课程介绍的方法进行对比,分析二者之间的主要差异,写出研究报告。

第6章 施工项目成本计划和控制计算机辅助决策系统

教学目标

主要讲述基于集成管理模式的施工项目成本计划和控制计算机辅助决策系统的主要功能、系统设计原理、相应的软件操作方法。通过本章的学习,达到以下目标:
(1) 了解施工项目成本计划和控制计算机辅助决策系统的工作原理;
(2) 了解施工项目成本计划和控制计算机辅助决策软件的基本操作。

教学要求

知识要点	能力要求	相关知识
建筑施工企业成本管理模式及信息化方案	(1) 了解建筑施工企业成本管理模式; (2) 了解建筑施工企业成本管理信息化方案	(1) 施工项目成本的大小取决于怎样施工;施工项目成本计划必须基于全方位施工决策;施工决策需要依赖于全过程成本监测。 (2) 信息化包括施工项目和施工企业两个层次,施工项目成本管理信息化主要是辅助项目成本计划和控制。 (3) 施工企业成本管理信息化包括构建基于信息交互的协同工作信息化平台、构建基于流程设计的成本控制平台、构建基于成本报告制度的决策支持系统
施工项目成本计划和控制计算机辅助决策系统工作原理	(1) 了解决策支持系统的基本概念; (2) 了解系统研发思路	(1) 决策支持系统(dss)是帮助决策者通过数据、模型和知识,以人机交互方式进行决策的计算机应用系统。 (2) 系统研发思路:首先,构建施工项目成本运行系统模型;其次,集成计划和控制过程中的数据并提出计算流程;第三,根据施工决策对信息支持的要求,通过系统输入输出设计,提供人机交互的系统界面

基本概念

决策支持系统、施工项目成本计划和控制计算机辅助决策系统、全要素集成管理的基本理念、系统集成、分包设置、资源计划、重新计划。

引 例

集成管理是一种基于系统思想的一体化管理,其本质特征是信息集成,就施工项目成本计划和控制而言,只有将相关职能岗位的信息集成起来,构建施工阶段一体化信息模型,并据此开发相应的计算机辅助决策系统,才能实现针对施工项目成本的全面计划和全过程控制。基于集成管理模式的施工项目成本计划和控制计算机辅助决策系统,将计划和控制过程涉及的数据信息结构化和系统化,凭借计算机强大的运算和存储功能,实现人机交互式的信息转换,为管理者提供必要的决策支持。借助于系统提供的辅助计划和控制功能,则能帮助管理者从大量重复性的计算和抄写工作中解脱出来,以便将更多的时间和精力用于诸如构思、选择、判断和组织、协调、调度等决策工作上来。借助于计算机辅助决策系统,不仅能提高日常计划和控制工作的效率,满足时效性要求,而且能向管理者提供合理决策所必需的信息支持,提高决策的有效性。

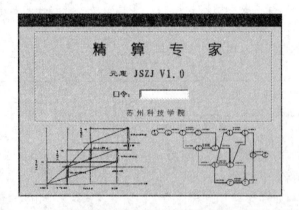

图 6.1 施工项目成本计划和控制计算机辅助决策系统示意图

基于施工企业"组织管理层"和"施工项目层"之间"二层分离"的管理体制,通过构建基于"分布式"数据库的企业信息化平台,据此集成施工企业"组织管理层"和"施工项目层"的信息,并围绕"主题"采用"数据挖掘"技术积累"知识",以此为管理者提供决策支持,是我国施工企业信息化建设的发展趋势。作为面向"施工项目层"的施工项目成本计划和控制计算机辅助决策系统的运行,一方面,可以为"企业信息化平台"提供施工项目管理信息,支持其实现包括诸如投标报价管理、采购管理、生产管理、资源管理、协同管理等在内的辅助决策功能;另一方面,所需的系统数据或"知识",诸如可获得资源、材料消耗定额、资源和材料价格等,必须来源于"企业信息化平台"。考虑到由作者自行开发的"施工项目成本控制计算机辅助决策系统(元惠精算专家V1.0)"已投入使用,因此,本章以此为参考,重点介绍基于集成管理模式的施工项目成本计划和控制计算机辅助决策系统的系统功能、管理流程及其相应的软件操作。

6.1 建筑施工企业成本管理模式及信息化方案

施工项目成本计划和控制计算机辅助决策系统是一个面向施工项目层面的成本管理系统,是建筑施工企业成本管理系统的重要组成部分。所以,其系统开发必须与建筑施工企业成本管理系统相协调。据此,在介绍施工项目成本计划和控制计算机辅助决策系统之前,有必要先围绕建筑施工企业成本管理模式及信息化问题开展讨论,包括建筑施工企业成本管理的基本理念、施工项目成本管理组织架构、建筑施工企业成本管理过程等,并提出相应的信息化方案,以便为接下来介绍施工项目成本计划和控制计算机辅助决策系统的工作原理、主要功能及软件操作奠定基础。

6.1.1 基本理念

作为施工过程中发生的全部生产性费用,施工项目成本是一个变量,其大小取决于怎样施工,据此,降低施工项目成本的有效途径是:首先,必须做出合理的施工安排,并据此准确地估算施工项目成本作为控制目标;其次,必须设计并运行合理的成本控制流程,据此控制好日常施工费用的支出;第三,对施工过程中发生的生产性耗费进行实时监测,以便发现问题及时采取措施加以整改。

基于对施工项目成本管理的上述认识,提出了建筑施工企业成本管理及成本管理信息化的基本理念,这些基本理念是进一步讨论有关成本管理模式及信息化方案的基础。

1) 全面计划

只有通过全方位施工决策,完成诸如项目范围定义、选择施工方法、拟定进度及资源计划、拟定分包方案等工作,才能据此合理地安排施工。相应地,就成本计划方法而言,只有采用基于各职能岗位之间信息交互的协同工作方式,合理安排施工,才能据此准确地估算施工项目成本。

2) 动态的成本监测

施工过程通常处于不断的变化之中,为此,只有通过动态的成本监测,获得实时的施工项目成本信息,并反馈给相关职能岗位的管理者,支持其根据变化了的条件做出新的施工决策,并据此采取措施对后续施工过程实行整改或做出新的安排。

3) 全过程计划

基于成本监测信息,当认为原先的施工安排已失去指导意义,必须根据新的条件对未完工程进行重新计划。相应地,就计划方法而言,强调根据变化了的计划条件将计划工作贯穿于施工全过程。

4) 施工项目成本管理信息化的主要作用

施工项目成本管理信息化的主要作用是:首先,通过基于施工决策的施工项目成本估算过程,实时地揭示所确定的施工安排所能带来的成本结果;其次,通过动态的成本监测,给管理者实时提供施工项目成本信息,帮助其做出合理的施工决策。

5) 施工企业成本管理信息化的主要作用

施工企业成本管理信息化的主要作用是:首先,通过构建基于信息交互的协同工作信息化平台,为开展针对施工项目的全面计划、动态监测以及全过程计划创造条件;其次,通过构建基于流程设计的成本控制平台,规范针对施工项目的日常性成本控制工作;第三,通过构建基于成本报告制度的决策支持系统,将施工项目的成本信息实时汇总,一方面,通过统计分析,实现分别针对"企业"和"项目"两个层级的成本预警,另一方面,据此形成企业数据仓库,通过数据挖掘形成企业知识(如报价决策、供应商评价、企业生产率水平、工作绩效评价、价格预测等),并按"决策主题"提供图形化用户交互界面,由决策者请求决策分析或查询,实现相应的决策支持。

6.1.2 施工项目成本管理的组织架构

建筑施工企业的主要生产组织方式是施工项目,施工项目作为建筑施工企业对外提供施工劳务的商业行为,基于企业"二层分离"的核算体制及相应的矩阵式项目组织,施工项目直接面向业主需求,通过整合企业内外资源共同完成施工任务。因此,施工项目一般被看做是一种直接面向市场的竞争实体,这种实体的竞争力以及价值增加的方式,很大程度上是通过供需联盟的物流目标实现的。

基于对施工项目的上述分析,可以将施工项目定义为:是建筑施工企业为履行施工合同组建的、基于矩阵式项目组织的、引入了供需关系的临时性生产系统,它直接面向业主的需求,集合企业内部各管理部门和供应部门、企业外合作伙伴等的资源,共同组成施工生产的功能网联结构模式,并通过整体运行实现增值。

施工项目成本管理虽然只是施工项目管理的重要职能之一,然而,集成管理模式要求将成本、进度、质量、范围等项目要素关联起来,通过基于协同工作方式的施工决策,统筹施工过程对劳务、设备、材料、分包等的需求,据此实现优化。基于集成管理模式的施工项目管理涉及的信息及其传递路径十分复杂且相互交叉,信息流揭示并影响项目运行的物流和资金流,只有凭借流畅的信息传递,才能通过承包施工实现项目增值。为了实现施工项目成本管理信息的有效传递,如图 6.2 所示,可以借助于建筑施工企业成本管理协同工作信息化平台,将传统的序列化、顺序进行的信息传递过程转化为交互作用的并行传递过程,基于所拟定的项目管理信息协同机制,实现集成的、并行的信息传递。

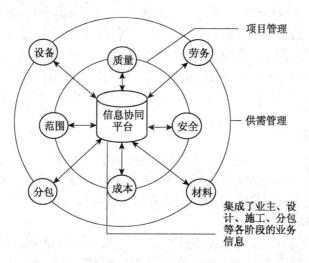

图 6.2 建筑施工企业协同工作信息化平台示意图

基于如图 6.2 所示的建筑施工企业成本管理协同工作信息化平台,施工项目成本管理的组织体系,可以采用如图 6.3 所示的架构,它是一种基于矩阵式项目组织的、引入了供需关系的、跨企业界限的组织。

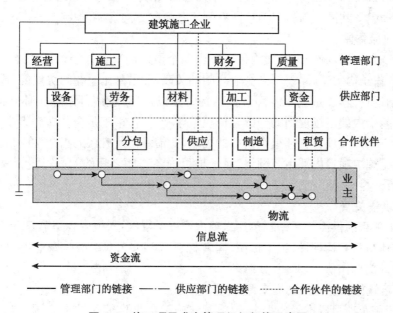

图 6.3 施工项目成本管理组织架构示意图

1）组织单元

施工项目成本管理组织主要由企业管理部门、企业供应部门、外部合作伙伴和业主等四种类型的组织单元构成。其中，企业管理部门负责向施工项目提供管理资源，资源配置通过命令或分配方式进行，主要开展项目管理工作；企业供应部门和外部合作伙伴负责向施工项目提供施工资源，资源配置通过内部（或外部）市场方式进行，主要形成施工生产能力；业主作为最终需求者，是施工项目运营的原动力。

2）运营机制

在施工项目成本管理组织的组建和运行过程中，各组织单元并非完全固定，同一层次的不同组织单元之间仍然存在竞争管理，它们可进行动态调整，甚至参与多个施工项目的业务活动，从而形成错综复杂的供需网络结构。

3）运行过程

施工项目的运行过程可以被概括为：首先（投标阶段），建筑施工企业内部各管理部门根据业主需求进行协同工作，通过拟定施工方案及编制报价文件等计划过程将业主的需求信息转化成供应信息，由企业内部供应部门或外部合作伙伴进行有效响应；其次（组建施工项目阶段），获得施工合同后，建筑施工企业将施工任务分配给施工项目经理部，通过深化设计和计划形成采购信息并由潜在的组织单元做出响应；最后（施工阶段），施工过程中通过各组织单元之间的信息互动，实现动态的信息共享，共同推动施工项目向有利于各方的方向发展。

4）决策体制

施工项目成本管理组织架构是一种由四个层次的决策体制构成的结构：其一是外围合作结构关系，属于不同企业之间的关联，凭借基于企业间协议的分散合作决策体制运行；其二是企业内部合作结构关系，属于企业内部市场主体之间的关联，凭借基于内部市场规则的分散合作决策体制运行；第三是企业内部指令性结构关系，属于矩阵式项目管理组织内部的关联，凭借基于所有权的指令性决策体制运行；第四是施工项目内部生产网络，属于项目内各工序之间的关联，凭借整体决策体制运行。

5）供需关系

施工项目的供需关系一般包括六项内容三个层次：六项内容是第三方劳务、分包商、实体材料和构配件、施工机械、周转材料、资金；三个层次是企业内部供应部门、企业外部合作伙伴、业主。

6）建筑施工企业的利润来源

基于施工项目成本管理组织架构，建筑施工企业的利润，主要来源于施工项目实现的利润、企业内部供应部门的利润以及承包工程造价中的企业提成（包括预算利润和企业总部管理费)扣除各管理部门总支出后的剩余部分。

6.1.3 建筑施工企业成本管理指标体系

1) 指标体系的层次性

建筑施工企业成本管理指标体系由"组织管理层"和"施工项目层"二个管理层次的指标体系组成,分别用于动态地反映"组织管理层"和"施工项目层"二个管理层次的施工成本信息,包括项目汇总、成本项目、量价明细三个层次。其中,"施工项目层"的成本管理指标体系,即"施工项目成本计划和控制指标体系",本教材第3章已做了详细介绍,主要包括项目总成本、控制期末计划成本、控制期成本(又包括对应于实际进度的计划成本、实际成本、成本差异)、控制期末成本动态差异以及项目利润、项目利润率等指标;关于"组织管理层"的成本管理指标体系,通常是根据企业所设置的管理层次,由"施工项目成本计划和控制指标体系"汇总而成,指标体系中包含的具体指标及其含义,与"施工项目成本计划和控制指标体系"相同。

2) 成本监测指标

基于控制期开展的成本监测工作,用于揭示对应于实际进度的计划成本、实际成本和成本差异,并通过对应于实际进度的造价收入与实际成本之间的收支对比,揭示控制期所实现的项目利润及相应的利润率。

经过成本监测形成的"成本监测指标"可采用"月结成本分析表"进行报告,成本汇总层面的"月结成本分析表"的形式见表 6.1 所示。

表 6.1 月结成本分析表(汇总表)

控制期: 年 月 日

成本项目	造价收入(元)	计划成本(元)	实际成本(元)	成本差异(元)	项目利润(元)	利润率(%)
分包工程费						
实体材料费						
现场施工费						
合计						

3) 成本计划指标

立足于控制期末的计价条件,估算对应于未完工程的计划成本,据此计算期末成本动态差异,并通过施工项目的造价收入与成本支出(包括期末实际成本累计和期末计划成本)之间的收支对比,预测施工项目能够实现的项目利润及相应的利润率。

经过成本计划过程形成的"成本计划指标"可采用"动态成本分析表"进行报告,成本汇总层面的"动态成本分析表"的形式见表 6.2 所示。

表 6.2 动态成本分析表(汇总表)

控制期： 年 月 日

成本项目	造价收入（元）	期末计划成本（元）	实际成本累计（元）	成本动态差异（元）	项目利润（元）	利润率(%)
分包工程费						
实体材料费						
现场施工费						
合计						

6.1.4 建筑施工企业成本管理过程

1) 基于企业协同工作信息化平台的期末成本计划

基于企业协同工作信息化平台，定期(开工前的第一个计划是一个特例，施工过程中每个控制期末是经常性的)编制对应于未完工程的计划成本，据此计算期末成本动态差异，并通过施工项目的造价收入与成本支出之间的收支对比，预测施工项目能够实现的项目利润及相应的利润率，输出并上报动态成本分析表。

编制期末成本计划的工作原理如图 6.4 所示。

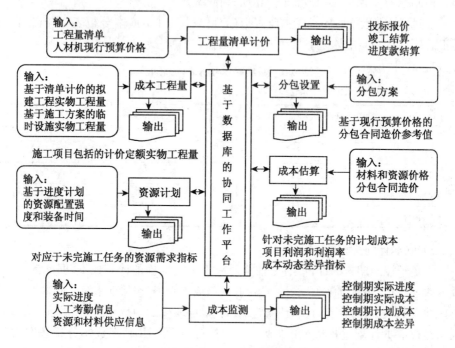

图 6.4 基于协同工作的施工项目成本计划示意图

2) 基于企业成本控制平台的日常成本控制

如图 6.5 所示,基于企业成本控制平台,按规定的成本控制流程,对日常性的商务过程(采购、合同、供应等环节)以及结算过程(分包、材料、机械等)进行控制(审核),并记录实际成本信息,形成月结成本分析表。

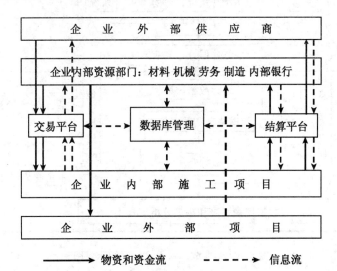

图 6.5 基于企业成本控制平台的日常成本控制示意图

3) 基于企业成本决策支持系统的辅助决策

如图 6.6 所示,基于"企业协同工作信息化平台"和"企业成本控制平台",可以构建企业成本决策支持系统,给"运营控制"和"决策工作"提供信息支持。

(1) 企业成本决策支持系统的主要作用

① 运营控制层

由"企业协同工作信息化平台"和"企业成本控制平台"两个子系统组成。企业协同工作信息化平台支持完成期末成本计划工作,输出并上报动态成本分析表。企业成本控制平台支持按规定的成本控制流程对日常性的商务过程以及结算过程实施控制(审核),并记录实际成本信息,形成月结成本分析表。

② 决策支持层

决策支持层由执行决策、管理决策、战略决策等三个层次的子系统组成。执行决策支持系统负责针对日常事务的处理过程提供结构化决策支持,如过程控制中的程序化提醒、施工资源价格以及库存查询、机械性能查询等。管理决策支持系统负责针对企业业务中的管理过程提供结构化或半结构化决策支持,如选择供应商

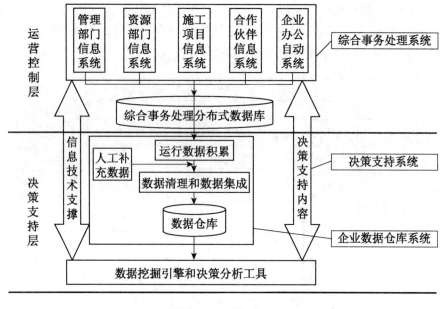

图 6.6 企业成本决策支持系统示意图

时的选优评审、编制进度计划过程中所需的决策支持等。战略决策支持系统负责针对施工企业的战略性问题提供半结构化或非结构化决策支持,如选择并确定合作伙伴过程的评估问题、企业生产率标准的制定、对企业绩效及盈利能力的预测和评估、财务规划问题等。

(2) 决策支持层的工作原理

基于对"企业协同工作信息化平台"和"企业成本控制平台"运行过程中形成的成本信息的集成,形成企业数据仓库,采用相应的数据挖掘引擎和决策分析工具,实现面向特定主体的用户交互界面方式的请求决策分析或查询。

① 企业数据仓库系统

企业数据仓库作为用于决策数据的集成环境,是面向主题的、集成的、用于决策支持的数据集合,其中每个数据单元均与时间相关,建筑施工企业数据仓库系统基于运营控制层运行所记录的信息,数据集成可采用星型模式,针对各种层次的决策问题设置不同的主题,就成本问题而言,可设置供应商选择分析、企业综合成本分析、综合效益分析、企业资源需求分析、价格分析等主题,为数据挖掘和决策分析提供基础数据。

② 决策支持系统

基于数据挖掘引擎和决策分析工具,可以按"决策主题"提供图形化用户交互界面，由决策者请求决策分析或查询，实现相应的决策支持。

6.2 施工项目成本计划和控制计算机辅助决策系统

6.2.1 系统研发思路

施工项目是建筑施工企业的主要生产单位，也是主要的成本中心。基于企业协同工作信息化平台，施工项目成本计划和控制计算机辅助决策系统作为一种面向"施工项目层"的辅助决策系统，依据全要素集成管理原理，研发施工项目成本计划和控制计算机辅助决策系统的总体思路是：首先，通过对施工过程的系统分析，将影响施工项目成本的相关要素关联起来并结构化，提出施工项目成本运行的系统模型；其次，基于成本运行模型，通过研究施工项目成本全面计划和全过程控制方法，据此集成数据信息并提出计算流程；第三，根据施工决策对信息支持的要求，通过系统输入输出设计，提供人机交互的系统界面。

1) 施工项目成本运行系统模型

施工项目成本运行是指在施工过程中各项生产性费用的运行，通过决策环节与生产性费用之间相关性的系统分析，将影响施工项目成本的相关要素（如范围定义、材料消耗率、进度安排、施工资源配置、资源价格等）关联起来，提出能动态地描述施工项目成本运行的系统模型。

2) 施工项目成本全面计划方法及相应的辅助决策系统

基于施工项目成本运行系统模型，采用基于单代号搭接网络的计划评审技术，研究基于施工决策的施工项目成本计划方法。首先，分别研究工程量清单计价、基于成本工程量计算的项目范围定义、分包设置、基于进度计划的资源需求、实体材料消耗量计算等计划工作方法；其次，研究基于这些计划工作方法的分包工程费、实体材料费、现场施工费的费用估算方法；第三，研究施工项目成本计划工作流程，按工作流程将相关计划工作环节的数据信息集成起来并结构化，构建支持协同工作方式的施工项目成本信息模型；最后，设计基于协同工作方式的施工项目成本全面计划计算机输入输出界面。

3) 施工项目成本全过程控制方法及相应辅助决策系统

根据计划过程建立的施工项目成本数据模型，采用现场调查、记录和汇总分析等统计技术，研究基于施工项目成本数据模型的施工项目成本全过程控制方法。首先，区分人工、实体材料、周转材料、施工机械等，研究建立成本台账的方法，为核算实际成本创造条件；其次，研究施工项目成本监测的方法，包括实际进度监测、对应于实际进度的成本监测、计算实际成本、计划成本以及成本差异等；第三，针对控制期末未完施工任务的重新计划,并据此计算成本动态差异指标;最后,设计施工项目成本全过程控制计算机输入输出界面。

4) 系统集成

以控制期末未完施工任务为纽带,将施工项目成本全面计划和全过程控制的数据信息集成起来,构建基于计划、控制循环方式的施工项目成本数据模型,据此研发能向相关职能岗位的管理者提供基于"IF-THEN"模拟方式的计算机辅助决策系统,完成施工项目成本计划和控制计算机辅助决策系统的设计。

6.2.2 系统总体流程

为了提供施工项目成本计划和控制指标体系规定的决策支持信息,并符合全面计划和全过程控制的要求,设计了如图6.7所示的系统总体流程,系统总体流程规定了施工项目成本计划和控制计算机辅助决策系统的总体功能及其数据总流程,是对系统功能和数据流程的概括性描述。据此,可以给管理者提供协同工作和动态控制的辅助工作环境。

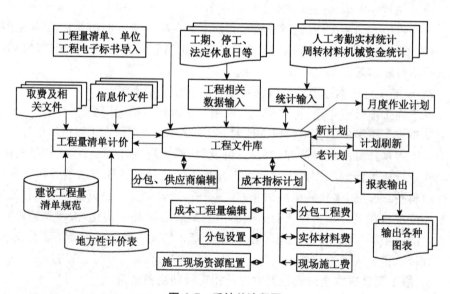

图6.7 系统总流程图

6.2.3 主要辅助功能

为了获得施工项目成本计划和控制指标体系包括的成本信息,必须针对拟

建项目开展计划和监测工作,作为辅助决策系统,主要辅助功能及其相互关系如下:

1) 工程量清单计价

如图 6.8 所示,系统具备工程量清单计价的全部功能,包括编制投标报价、基于变更事件的工程量调整、项目特征调整、基于调价因素的综合单价调整、编制竣工结算文件等。

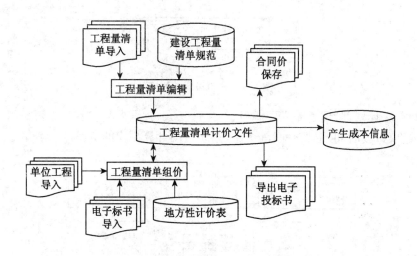

图 6.8 工程量清单计价流程图

2) 成本工程量编辑

系统自动调用工程量清单计价过程产生的清单项目以及对应于清单项目的计价定额项目,管理者既可以直接输入作为施工任务的成本工程量,也可以采用系统提供的工程量导入功能,将清单计价过程输入的工程量转化为成本工程量,完成施工项目范围的定义。

3) 分包设置

如图 6.9 所示,基于成本工程量输入,系统自动汇总得到施工项目包括的计价定额工程量以及计价定额的人工、材料、机械含量,管理者选择分包商、分包合同类型(总价合同或单价合同),并选择计价定额项目作为分包范围,进一步,选择定额中人工、材料、机械含量作为分包内容。此时,系统自动计算并输出基于工程量清单计价的分包造价,提供给管理者作为协商确定分包合同造价的参考。

4) 资源计划

如图 6.10 所示,系统提供资源计划的输入界面,基于编制的进度计划和相应

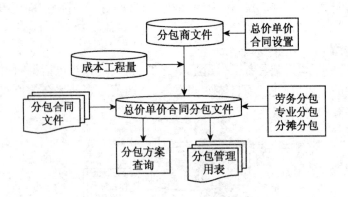

图 6.9 分包设置流程图

的资源需求计划,管理者输入资源(包括生产工人、管理人员、机械、周转材料等)的配置强度、进场时间、退场时间等信息,系统自动计算相应的资源需求数量。

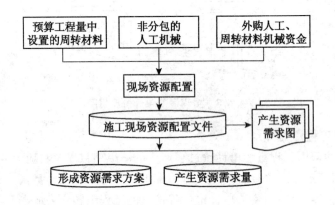

图 6.10 资源计划流程图

5) 成本估算

如图 6.11 所示,调用成本工程量、计价定额中实体材料消耗量标准、输入的分包方案等信息,系统自动计算由总承包企业自行完成(即非分包)的实体材料消耗量。此时,输入相应的价格即完成实体材料费的估算。

针对不同的分包商分别输入分包合同造价,完成分包工程费的估算。

调用资源计划过程产生的资源需求指标,输入相应的价格,完成现场施工费的估算。

6) 成本台账

如图 6.12 所示,施工过程中根据原始记录输入人工考勤、实体材料供应、施工

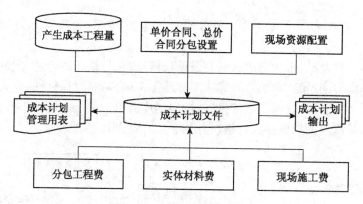

图 6.11 成本估算流程图

机械和周转材料进退场等信息,系统按会计核算的要求,自动积累原始信息并形成核算实际成本所需的台账。

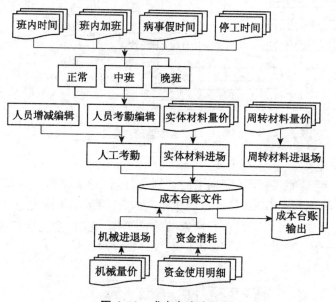

图 6.12 成本台账流程图

7) 成本监测

如图 6.13 所示,成本监测工作流程如下:

首先,选择控制期末的日历时间,输入控制期内完成的计价定额实物工程量,完成控制期实际进度的监测工作。

其次,输入对应于实际进度的分包进度款结算金额,完成实际分包工程费的监测。

第三,调用人工考勤数据,输入相应的工资标准,完成实际计时人工费的监测。

第四,调用施工机械和周转材料进退场信息(包括供应商、每批次进退场数量、进退场日历时间、租赁单价等),完成实际施工机械和周转材料费的监测。

第五,调用实体材料供应信息(包括期初库存及价格、期内每批次供应量及相应价格),并盘点期末库存及价格,完成实际实体材料费的监测。

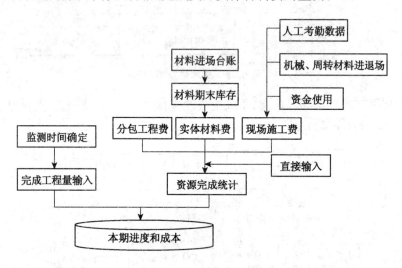

图 6.13 成本监测流程图

8) 重新计划

如图 6.14 所示,基于控制期末的计划条件,针对未完施工任务,系统按原成本计划的计算逻辑和数据标准,自动生成对应于控制期末未完施工任务的计划初稿。管理者据此可以进行重新计划的编辑工作,此时,系统重新进入计划编辑状态。

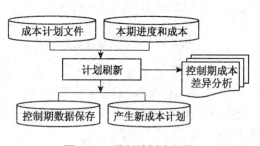

图 6.14 重新计划流程图

9) 月度作业计划

如图 6.15 所示,基于当前施工项目成本计划,输入月度作业计划开始和结束日期,并输入月度计划完成计价定额实物工程量,系统自动按当前施工项目成本计划的计算逻辑和数据标准,编制相应的月度作业计划,包括月度计划作业进度,对应于计划作业进度的分包工程费、实体材料费、现场施工费以及相应的"量""价"明细。

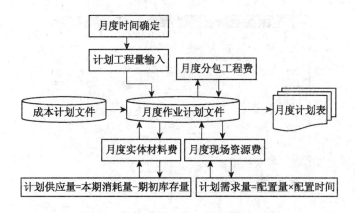

图 6.15 月度作业计划流程图

10) 系统基础数据管理

系统基础数据管理如图 6.16 所示。

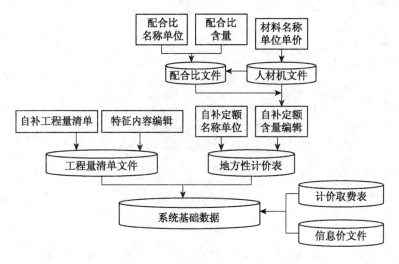

图 6.16 系统基础数据管理流程图

6.3 施工项目成本计划和控制计算机辅助决策软件基本操作

6.3.1 输入密码并进入软件

点击"软件图标"进入图 6.17 所示窗口。

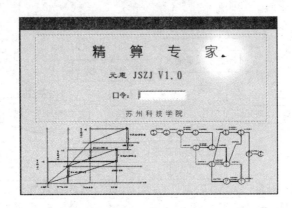

图 6.17 软件进入界面

此时,输入密码,鼠标点击窗口下方的任意部位,进入图 6.18 所示界面。

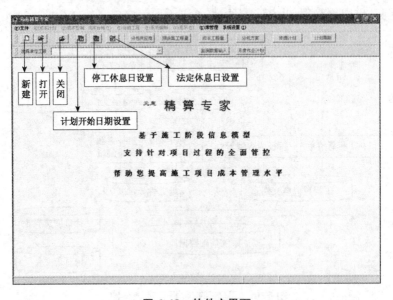

图 6.18 软件主界面

6.3.2 关于"文件"菜单

1) 新建

如果需要"创建"一个施工项目(注:以下简称为"工程"),并以此为对象进行成本计划和控制,则选择菜单中的"新建"功能(或按[新建]钮),软件弹出图6.19所示窗口。

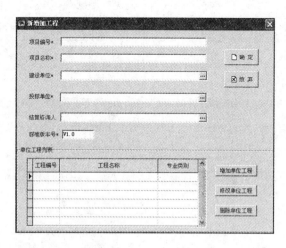

图 6.19 新建项目

用户输入项目编号、项目名称、建设单位和投标单位等施工项目的基本信息(注:项目编号是文件名,输入时须符合文件名规则),按[增加单位工程]钮,在弹出窗口中输入相关信息并选择专业工程,按[确定]钮返回(注:用户可输入多个单位工程),完成单位工程输入操作,按[确定]钮,则软件"创建"一个工程文件,弹出窗口,自动"打开"该"新建"的工程文件,等待用户进行有关"计划"和"监测"的操作。

2) 打开

如果需要将已经创建的工程文件"打开",或需对其做"修改""删除""复制""备份""调入"等操作,则可以选择菜单中的"打开"功能(或按[打开]钮),软件弹出图6.20所示项目管理窗口。

(1) 打开

选择某工程文件,按[打开]钮,软件自动"打开"该工程文件,并弹出图6.21所示的窗口,等待用户进行有关"计划"和"监测"的操作。

(2) 修改

所谓"修改",是指对工程基本信息的修改,选择某工程文件,按[修改]钮,软件弹出图6.19所示窗口,此时,用户可输入除"工程编号"以外的其他信息,完成对所

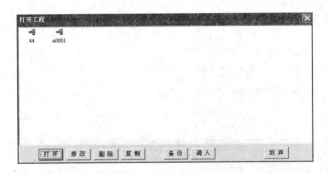

图 6.20 项目管理界面

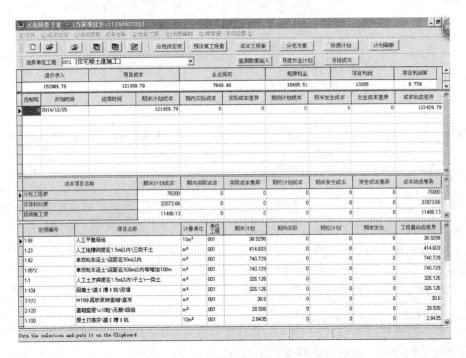

图 6.21 软件功能主界面

选工程基本信息的修改。

(3) 删除

选择某工程文件,按[删除]钮,软件即删除该工程文件。注:某工程文件被删除是不能恢复的,用户必须慎重!

(4) 复制

所谓"复制",是指将某"工程"的内容"复制"到一个"新工程文件"里去。选择某工程文件,按[复制]钮,再输入"新工程文件"名称,则完成"复制"操作。

(5) 备份

所谓"备份",是指将已存在的工程文件"复制"到另一个"磁盘"里去。选择某工程文件,按[备份]钮,再选择"目标盘",则完成"备份"操作。

(6) 调入

所谓"调入",是指将存在于其他"磁盘"的工程文件"复制"到软件里去。按[调入]钮,选择"某盘中的某工程文件",再按[确定]钮,则完成"调入"操作。

3) 复制单位工程

所谓"复制单位工程",是指将本软件已创建的某个施工项目(被称为工程)中的某个单位工程数据信息"复制"到当前施工项目中去。在"新建"或"打开"某个工程后,选择需要导入数据信息的单位工程,然后点击[复制单位工程]钮;如果当前单位工程已存在工程数据信息,软件提示"单位工程已有数据,是否导入[确定]?",用户点击[取消]钮后不导入数据且自动返回;如果点击[确定]钮,弹出导入窗口。在导入窗口中点击"项目位置"后面的按钮,选择某工程文件点击[打开]钮,软件列出该工程的所有单位工程供选择,点击[导入]钮,执行单位工程导入且自动返回,同时清除原有单位工程数据;点击[放弃]钮,则不导入并退出。

4) 单位工程清单导入

所谓"单位工程清单导入",是指将业主方提供的工程量清单(ACCESS 文件)中某个单位工程的工程量清单导入软件创建的施工项目。在新建工程后,选择需要导入工程量清单的单位工程,然后点击[单位工程清单导入]钮。如果当前单位工程已经有工程数据,软件提示"单位工程已有数据,是否导入[确定]?",点击[取消]钮,则不导入返回;如果点击[确定]钮,弹出导入窗口。在导入窗口中点击"导入单位工程位置"后面的按钮,选择某工程文件点击[打开]钮,然后点击[确定]钮,窗口出现"已完成"提示,则单位工程清单已导入,同时清除原有单位工程数据;点击[返回]钮,完成单位工程清单导入。

5) 单位工程电子标书导入

所谓"单位工程电子标书导入",是指将投标工程(标书导入时一般已中标)的单位工程电子标书(ACCESS 文件)中某个单位工程的分部分项工程量清单计价表以及措施项目清单计价表(二)的工程数据导入软件创建的施工项目。在新建工程后,首先在"库管理"菜单的[定额综合单价调整公式]和[措施综合单价调整公式]中选择相应的公式辅助编辑功能,并按拟建工程的要求进行修改,软件将此公式默认为 1 号公式应用于导入工程的综合单价计算。点击[单位工程电子标书导入]钮,如果当前单位工程已经存在工程数据,软件提示"单位工程已有数据,是否导入[确定]?",点击[取消]钮则不导入返回;如果点击[确定]钮,弹出导入窗口。在导入窗口中点击"导入单位工程位置"后面的按钮,选择某单位工程(ACCESS文件)点击[打开]钮,等待片刻后,某单位工程的分部分项工程量清单计价表以及措施项目清单计价表(二)的工程数据已被导入当前工程,同时清除原有单位工程数据。软件分别按[人工费+机械费]或[人工费]等作为取费基数,分别计算出管理费、利润的取费率,如果与前面编辑的1号公式相符,则可以选择人为修改,也可增加公式进行计算。点击[返回]后退出。

6) 当前工程生成电子投标书

所谓"当前工程生成电子投标书",是指将软件中当前打开的施工项目计价文件复制并转化成电子投标书(ACCESS文件)。点击[当前工程生成电子投标书]钮,弹出生成标书窗口,请必须填写所有带" * "号的内容。填写完成后,点击[产生标书文件]钮,选择标书文件存储位置并点击[产生]钮,窗口出现"已完成"后返回。

7) 退出

当软件处于图6.18所示的"软件界面",并需要"退出"软件时,用户可以选择"文件"菜单中的"退出"功能,则软件被"关闭"并返回WINDOWS平台。

8) 关于[关闭]文件

当需要"关闭"已经"打开"的工程文件时,用户在图6.21所示的窗口中按[关闭]钮,软件"关闭并保存"已"打开"的工程文件,返回图6.18所示的软件界面。

6.3.3 关于"当前工程"菜单

针对图6.21窗口中被"新建"或"打开"的工程文件,"当前工程"菜单的主要功能是设置计划和控制参数,具体内容包括:
◇ 计划开始日期
◇ 停工休息日设置
◇ 法定节假日设置
◇ 信息价文件(人材机)
◇ 企业提成
◇ 现场管理费率

1) 计划开始日期

选择菜单中"计划开始日期"功能(或按[计划开始日期]钮),软件弹出图6.22所示窗口。用户选择"日历时间"作为拟建工程的计划开始时间,按[确定]钮返回。

图 6.22　设置计划开始日期界面

2) 停工休息日(法定节假日)的设置

停工休息日指的是施工现场的"全场性停工",如春节等;法定节假日指的是国家规定的节假日,如双休日等。选择菜单中"停工休息日设置(法定节假日设置)"功能(或按[停工休息日设置]或[法定节假日设置]钮),软件弹出图 6.23 所示窗口。用户选择"停工休息的日历时间(法定节假日的日历时间)"作为"全场性停工(法定节假日)"的时间,按[返回]钮返回。

图 6.23　设置停工休息日(法定节假日)界面

3) 信息价文件(人材机)

当完成了工程量清单计价中"工程量编辑"的操作(详见"成本计划"菜单中的"预决算工程量"或[预决算工程量]钮)并返回图 6.21 窗口,用户选择菜单中"信息价文件(人材机)"功能,软件弹出图 6.24 所示窗口,选择"信息价文件"并输入"权重数",软件调用信息价文件中人工、材料、机械的现行预算价格,弹出图 6.25 所示窗口,等待用户进行相关的编辑操作。

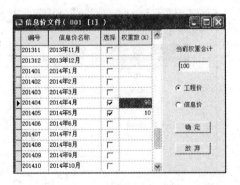

图 6.24　选择信息价文件界面

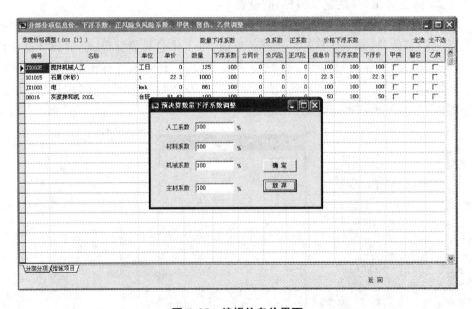

图 6.25　编辑信息价界面

(1) 关于"量""价"下浮系数

软件提供两种操作方式:其一是统一下浮,弹出统一输入窗口,由用户统一输入;其二是分别下浮,由用户直接输入下浮系数。

(2) 关于合同价

合同价的确定详见"成本计划"菜单中"预决算工程量"或[预决算工程量]钮,作用是确定施工合同约定的价格水平。据此,基于合同约定的价格风险范围,可以计算风险范围内的价差。

(3) 关于"正风险"和"负风险"系数

软件提供两种操作方式:其一是统一输入,弹出统一输入窗口,由用户统一输入;其二是分别输入,由用户直接输入风险系数。

(4) 关于"甲供""暂估""乙供"的编辑操作

"甲供"指的是由业主方负责采购供应的材料(甲供材料),用户选择甲供材料,软件自动生成并输出甲供材料表;"暂估"指的是材料暂估价,用户选择暂估价材料,软件自动生成暂估价材料表并将暂估价材料信息传入分部分项工程量清单计价表;"乙供"指的是由施工方负责采购供应的材料(乙供材料),用户选择乙供材料,软件自动生成并输出乙供材料表。

当图 6.25 窗口中的操作完毕后,按[返回]钮,软件自动按输入的价格信息及相应的权重数进行加权平均,计算适用于当前工程的现行预算价格并计算价差。

值得注意的是,本软件存储的信息价文件分为两种:其一是"信息价",由用户在"库管理"菜单中输入,属于公共文件;其二是"工程价",由用户针对当前工程输入,属于当前工程专用文件。

用户进入图 6.24 窗口后,首先应选择"信息价"或"工程价",它们的区别是:如果选择"信息价",软件调用公共文件的价格并显示在图 6.22 窗口中,用户据此编辑输入;如果选择"工程价",软件调用属于当前工程专用文件的价格并显示在图 6.25 窗口中,用户据此编辑输入。

4) 企业提成

选择菜单中"企业提成"功能,用户输入企业提成系数,软件据此按公式(6-1)所示的方法计算当前工程的企业提成:

$$企业提成 = 造价 \times 提成系数 \qquad (6-1)$$

5) 现场管理费率

选择菜单中"现场管理费率"功能,用户输入现场管理费率,软件据此按公式(6-2)和公式(6-3)所示的方法,将当前工程造价中的管理费划分为"现场管理费"和"企业管理费"两部分。

$$现场管理费 = 造价中的管理费 \times 现场管理费率 \qquad (6-2)$$

$$企业管理费 = 造价中的管理费 - 现场管理费 \qquad (6-3)$$

6.3.4 关于"成本计划"菜单

针对图 6.21 窗口中被"新建"或"打开"的工程文件,"成本计划"菜单的主要功能是辅助用户编制当前单位工程(注:用户在图 6.21 窗口左上角的下拉式列表中选择)的工程量清单计价文件、编辑分包方案、编辑资源计划,据此估算对应于未完施工任务的分包工程费、实体材料费和现场施工费,并按施工项目成本指标体系的要求输出计划信息。

◇ 分包供应商设置
◇ 预决算工程量
◇ 成本工程量
◇ 分包内容编辑
◇ 资源计划
◇ 分包工程费估算
◇ 实体材料费估算
◇ 现场施工费估算

1) 分包供应商设置

选择"成本计划"菜单中的"分包供应商设置"功能(或按[分包供应商]钮),软件弹出图 6.26 所示的窗口,此时,用户可进行针对"分包或供应商"的"增加"、"修改"和"删除"等操作。进行"增加"操作时,用户分别输入"分包商"或"供应商"名称,并选择"分包单位"或"物资供应"选项,如有必要,还可输入相应的合同摘要等信息。

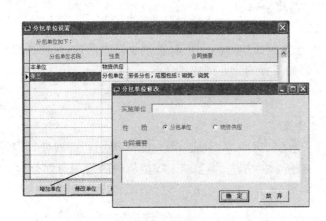

图 6.26 设置分包供应商界面

2) 预决算工程量

选择"成本计划"菜单中的"预决算工程量"功能(或按[预决算工程量]钮),软件弹出图 6.27 所示窗口,用户可进行工程量清单计价的编辑操作。

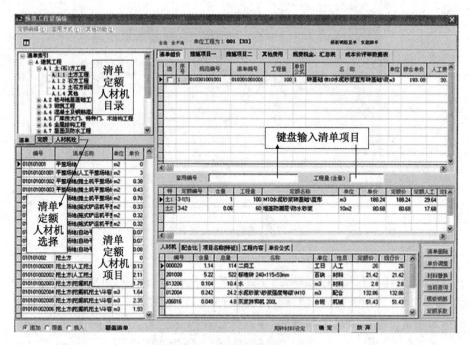

图 6.27 清单工程量编辑界面

软件提供编制工程量清单计价文件的一切辅助功能,现将主要功能及操作介绍如下:

(1)套用

选择"追加"、"覆盖"、"插入"等套用状态(软件默认追加状态),套用方式包括鼠标套用和键盘输入两种。

鼠标套用:首先选择清单、定额、人材机的具体内容,然后点击鼠标套用。

键盘输入:首先选择清单、定额、人材机目录,然后在"键盘输入清单项目"位置输入清单项目,在定额窗口输入定额项目,在人材机窗口输入定额含量内容。

(2)关于项目特征名称编辑

本功能主要针对清单项目,点击"项目特征名称",直接修改清单项目名称,按[特征编辑]钮,弹出图6.28所示窗口,用户输入特征内容,按[确定]钮完成项目特征编辑工作。另外,软件提供项目特征的"记忆"功能,选择已输入的特征内容,按[特征内容保存]钮,软件将被选择的特征内容存入系统数据库,以便在其他工程的特征编辑中调用。

(3)关于周转材料设定

这个操作不影响清单计价,它是为成本估算做准备的,按[周转材料设定]钮,软件显示经"工料分析"得到的所有材料,用户选择其中的周转材料,在成本估算时,软件将周转材料归入施工资源中,将未被设置成周转材料的归入实体材料中。

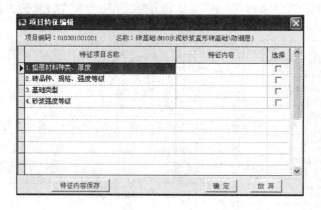

图 6.28　项目特征编辑界面

(4) 关于确定返回

当围绕清单计价的所有编辑操作完毕后,按[确定]钮,软件弹出图 6.29 所示应答窗口,此时,如按[确定]钮,软件将当前的人工、材料、机械价格作为合同价保存,作为确定价格风险范围的依据,并据此计算和分配之后发生的价差。如按[取消]钮,软件保存当前人工、材料、机械价格,但不作为合同价。

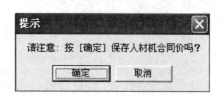

图 6.29　退出清单工程量编辑时的应答界面

(5) 关于现行预算价格输入

当完成了预决算工程量的编辑操作并返回图 6.21 窗口后,用户选择"当前工程"菜单中的"信息价文件(人材机)"功能,完成现行预算价格输入并返回,此时,软件自动计算价差并按价格风险范围进行分配,由承包商承担的价差风险不计入竣工结算的综合单价,由业主承担的价差风险则计入竣工结算的综合单价。

(6) 关于 999 单位工程

软件默认一个 999 单位工程,这个操作不影响清单计价,其作用是输入基于施工方案的(需要通过现场施工形成的)临时设施工程量,一方面通过将其转化成"成本工程量"以定义项目范围(施工项目包括的施工任务),为成本估算和监测做准备;另一方面,将经清单计价(针对拟建工程的)形成的承包工程造价中通过"取费"得到的费用(如临时设施费等)具体化,转化成具有"量""价"明细的数据结构,以便于进行"量""价"明细层面的收支对比分析。

图 6.21 窗口中选择 999 单位工程作为当前工程,再选择"成本计划"菜单中的"预决算工程量"功能(或按[预决算工程量]钮),软件弹出图 6.30 所示窗口,用户进行针对"清单组价"和"措施项目(二)"的工程量编辑操作(操作方法与"预决算工程量"相同)。操作完毕后,按[预算包干费]钮,软件自动计算对应于输入工程量的直接费,并将拟建工程造价中通过"取费"得到的费用减去该直接费的剩余费用显示出来。此时,用户必须按同等数据输入预算包干费,使剩余费用的值变成零。

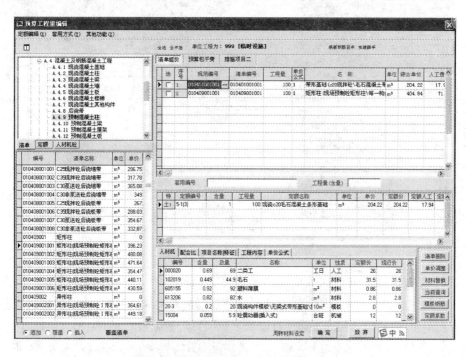

图 6.30 针对 999 单位工程的编辑界面

3) 成本工程量

选择"成本计划"菜单中的"成本工程量"功能(或按[成本工程量]钮),软件弹出图 6.31 所示窗口,用户即可直接输入成本工程量,如果采用"导入成本工程量"方式,则首先选择清单工程量,其次按[导入成本工程量]钮,完成输入成本工程量操作。

用户可对成本工程量的定额含量以及人工、材料、机械含量进行修改,但既不能增加定额项目,也不能增加人工、材料、机械的内容,如果需要增加,则必须进入"预决算工程量"窗口,为了不影响计价,只增加定额项目(人工、材料、机械),对应的数量为零。

针对定额项目的"汇总方式"有两种选择,决定着定额工程量在相关窗口(如分包方案、监测数据输入等)的显示方式。其一是汇总显示,即将相同的定额工程量加以汇总并显示;其二是原位显示,即不汇总相同的定额工程量,在相关窗口分开显示。

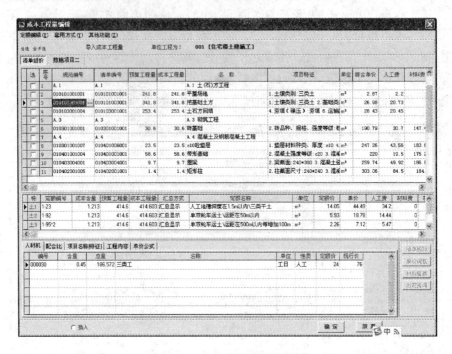

图 6.31 成本工程量编辑界面

4) 分包内容编辑

分包内容编辑的主要任务是定义不同分包商需要完成的分包任务,包括选择分包合同类型、确定所分包的定额项目以及定额项目中被分包的人工、材料、机械含量。图 6.21 窗口中选择"成本计划"菜单中的"分包内容编辑"功能(或按[分包方案]钮),软件弹出图 6.32 所示的编辑窗口,用户据此进行分包内容编辑,完成后按[确定]钮返回,此时软件将按清单计价过程使用的方法和参数,自动计算各分包商对应于分包任务的分包造价,据此,用户可将其作为协商确定分包合同造价的依据。

分包编辑的主要操作包括:首先,用户选择"分包商名称";其次,用户选择"分包方式",也即"分包合同类型";再次,选择界定分包内容的"劳务""专业"或"分摊";最后,选择定额项目完成分包编辑。特别注意,当选择"分摊"时,用户还需在"本次量"中输入分包的定额含量。

5) 资源计划

当完成对"成本工程量"及"分包内容"的编辑操作后,用户在图 6.21 窗口选择"成本计划"菜单中的"资源计划"功能(或按[资源计划]钮),软件弹出如图 6.33 所

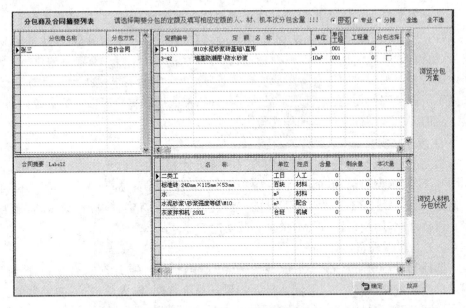

图 6.32 分包内容编辑界面

示的编辑窗口,此时,用户可进行资源计划的编制操作。

软件自动完成针对"成本工程量"的"工料分析"工作,并将非分包范围内的定额人工、机械人工、施工机械、周转材料传入图 6.33 窗口。另外,软件提供所默认的项目内人工、机械、周转材料和资金,以及管理人员、外购机械、外购周转材料。此时,用户选择并套用这些施工资源,可以完成针对资源计划的编辑。

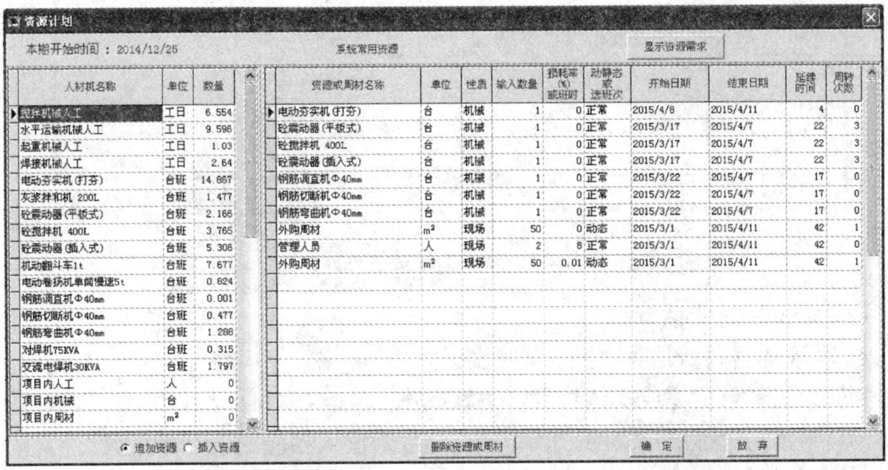

图 6.33 资源计划编辑界面

基于资源计划的需求量指标是估算现场施工费的主要依据,现场施工费包括"项目内施工资源费"和"现场性费用"两部分,其中,套用经"工料分析"产生的定额人工、机械人工、施工机械、周转材料以及软件默认的项目内人工、项目内机械、项目内周转材料和项目内资金等形成的资源计划,其对应的需求量指标是计算项目内施工资源费的依据;套用管理人员、外购机械、外购周转材料等形成的资源计划,其对应的需求量指标是计算现场性费用的基础。

6) 成本估算

当完成对"成本工程量""分包内容"和"资源计划"的编辑操作后,用户即可在如图6.21所示窗口选择"成本计划"菜单中的"分包工程费估算(或选择实体材料费估算,或选择现场施工费估算)"功能(或按[分包工程费(实体材料费、现场施工费)]钮),此时,用户可以进行有关估算成本的操作。

(1) 分包工程费估算

选择"分包工程费估算"功能(或按[分包工程费]钮),弹出图6.34窗口,此时,用户选择分包商,输入分包合同造价。如果是总价合同,输入总造价;如果是单价合同,针对定额项目输入单价。

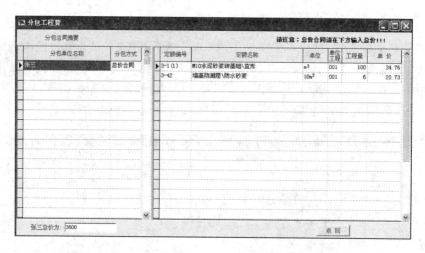

图6.34 分包工程费估算界面

(2) 实体材料费估算

选择"实体材料费估算"功能(或按[实体材料费]钮),弹出图6.35窗口,此时,用户分别输入材料单价完成实体材料费估算操作。注意,窗口中材料数量是依据计价定额的材料消耗量标准计算的,如果需要下浮,则输入相应的下浮系数,软件自动计算下浮后的数量作为估算材料费依据。另外,用户还可选择"主要材料",软件据此按"量""价"明细方式输出显示,并将非主要材料按"其他材料费"方式输出显示。

定额实体材料费

定额实体材料费　量下浮系数　全选　全不选

编号	材料名称	单位	需求量下浮系数	总需求量	需求量	单价	主要材料
101022	中砂	t	100	40.807	40.807	38	
201008	标准砖 240mm×115mm×53mm	百块	100	522	522	21.42	
301023	水泥 32.5级	kg	100	6824.42	6824.42	0.28	
609041	防水剂	kg	100	35.091	35.091	1.52	
613206	水	m^3	100	18.038	18.038	2.8	
JX1003	电	kW·h	100	43.498	43.498	0	

确定　放弃

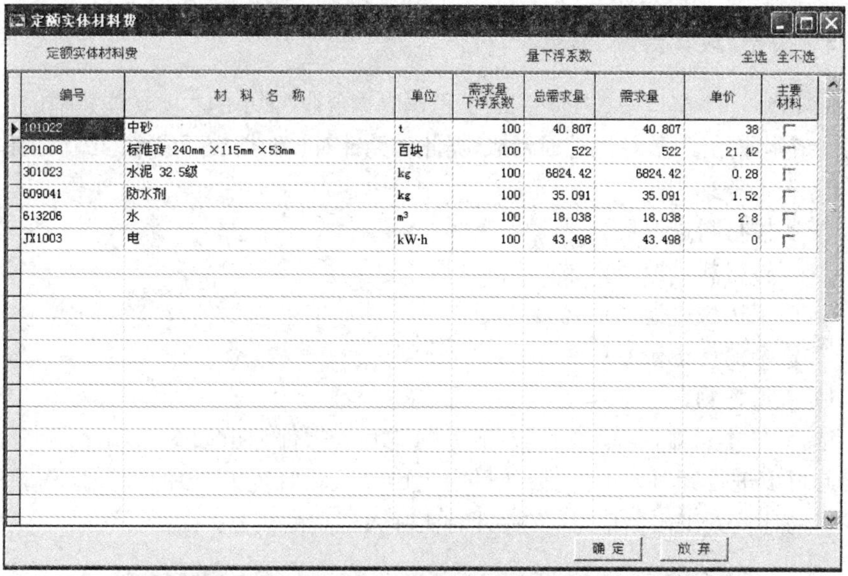

图 6.35　实体材料费估算界面

(3) 现场施工费估算

选择“现场施工费估算”功能(或按[现场施工费]钮),弹出图 6.36 窗口,此时,用户分别输入资源单价完成现场施工费估算操作。注意,除了直接输入单价,软件针对人工和机械还提供单价编辑功能(单价估算)。

项目内资源和周材使用费

项目内资源和周材使用费　单价估算

编号	资源或材料名称	单位	需求量	单价
06016001	灰浆拌和机 200L	台班	9	0
WG0004	管理人员	工日	39	0

确定　放弃

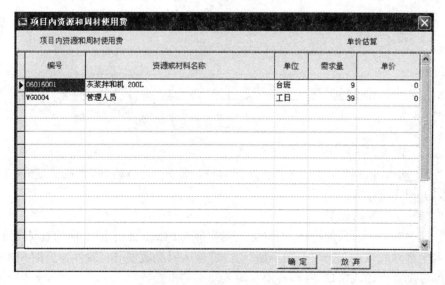

图 6.36　现场施工费估算界面

6.3.5 关于"成本台账"菜单

针对图 6.21 窗口中被"选定"的工程,"成本台账"菜单的主要功能是辅助用户记录实际成本原始信息,并汇总成台账,据此辅助针对控制期实际成本的编辑工作。

◇ 人工考勤
◇ 实体材料进退场记录
◇ 周转材料进退场记录
◇ 施工机械进退场记录
◇ 资金消耗记录

1) 人工考勤

选择"成本台账"菜单中的"人工考勤"功能,软件弹出如图 6.37 所示窗口,用户据此可以进行针对人工(包括项目内生产工人和管理人员)的考勤操作。据此,软件自动计算人工出勤信息,支持针对实际人工费的核算。

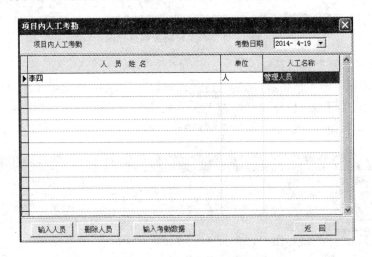

图 6.37 人工考勤主界面

(1) 输入人员姓名

按[输入人员]钮,软件弹出图 6.38 窗口,输入"人员姓名"并选择"工种",按[确定]钮完成输入。

(2) 输入考勤数据

通过"输入人员"的操作,用户可以将实际参加施工的不同工种的具体人员的姓名全部输入软件,选择"考勤日期",并按[输入考勤数据]钮,软件弹出图 6.39 所示的考勤数据输入窗口,并等待用户输入当天的出勤数据。

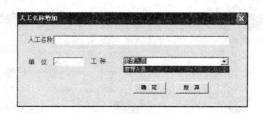

图 6.38 输入人员姓名界面

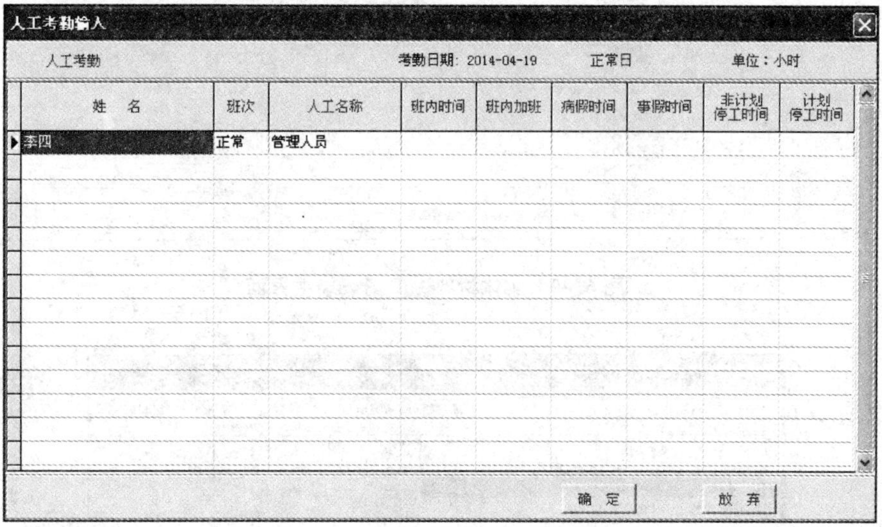

图 6.39 输入人工考勤数据界面

选择某个具体人员,并选择"班次(包括正常、中班、晚班)",输入当天的"班内时间""班内加班""病假时间""事假时间""计划停工时间""非计划停工时间"等数据,按[确定]钮完成输入。此时,软件自动计算该具体人员当天正常(或中班或晚班)的"正常班工日""班内加班工日""节假日加班工日""节假日班内加班工日""病假工日""事假工日""计时停工工日""不计时停工工日"等编辑实际"计时人工费"所需的"人工消耗"数据,以便于在"编辑实际人工费"时调用。

2) 实体材料进退场记录

选择"成本台账"菜单中的"实体材料进退场记录"功能,软件弹出图 6.40 窗口。此时,用户首先选择供应商,其次选择"记录日期",最后按[输入材料供应记录]钮,软件弹出图 6.41 窗口,用户选择具体的材料并输入"供应数量"和"单价"完成操作,软件自动记录当天的材料供应信息(包括供应商、数量和相应单价),以便在"编辑实际实体材料费"时调用。

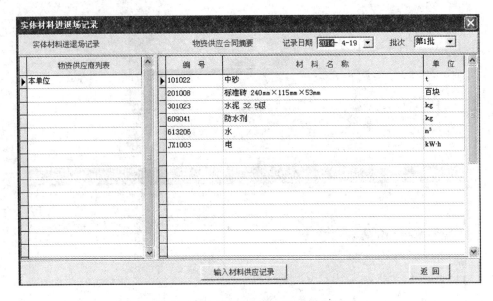

图 6.40 实体材料进退场记录主界面

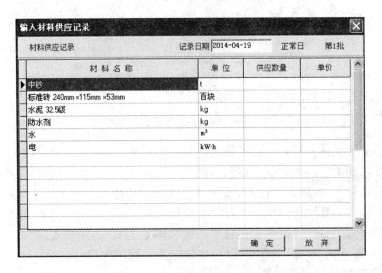

图 6.41 输入材料供应记录界面

3) 周转材料进退场记录

软件操作类同于实体材料进退场记录。

4) 施工机械进退场记录

软件操作类同于实体材料进退场记录。

5)动力燃料消耗记录和资金消耗记录

软件操作类同于实体材料进退场记录。

6.3.6 关于"成本控制"菜单

针对图 6.21 窗口中被"选定"的工程,"成本控制"菜单的主要功能是辅助管理者监测控制期内施工项目的实际进度以及对应于实际进度的实际成本、计划成本、成本差异等数据信息,据此给管理者提供决策支持,以便于对后续施工过程实施整改。

1)监测数据输入

选择"成本控制"菜单中的"监测数据输入"功能(或按[监测数据输入]钮),软件弹出如图 6.42 所示的日历窗口。

图 6.42 选择控制期末界面

用户选择某日历时间作为控制期末时间,按[确定]钮,软件弹出如图 6.43 所示监测数据输入窗口,用户输入"本期完成量",并进行相应的实际成本编辑操作。

(1)输入实际分包工程费

选择"分包工程费差异",按[分包工程费差异输入]钮,弹出如图 6.44 所示窗口,选择分包商,输入对应于实际进度的实际分包工程费,如果是单价合同,输入对应于定额工程量的单价,如果是总价合同,则直接输入总价。

(2)输入实际实体材料费

选择"实体材料费差异",按[实体材料费差异输入]钮,软件弹出如图 6.45 所示窗口,此时,用户既可以直接输入对应于实际进度的实体材料实际消耗量以及实际单价,也可以按[实际量价编辑]钮,进入图 6.46 窗口。此时,软件自动将经由"实体材料进退场记录"所形成的统计数据调入,用户输入"期末库存量"完成。

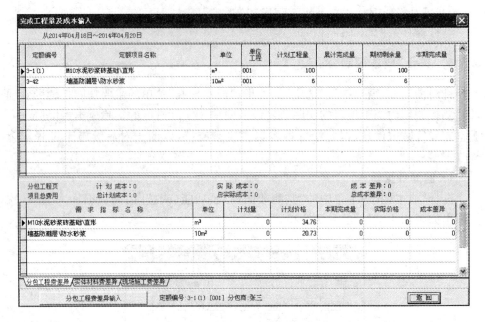

图 6.43 监测数据输入主界面

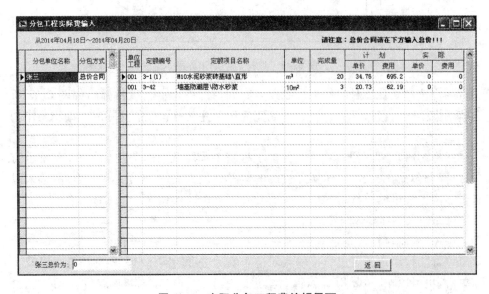

图 6.44 实际分包工程费编辑界面

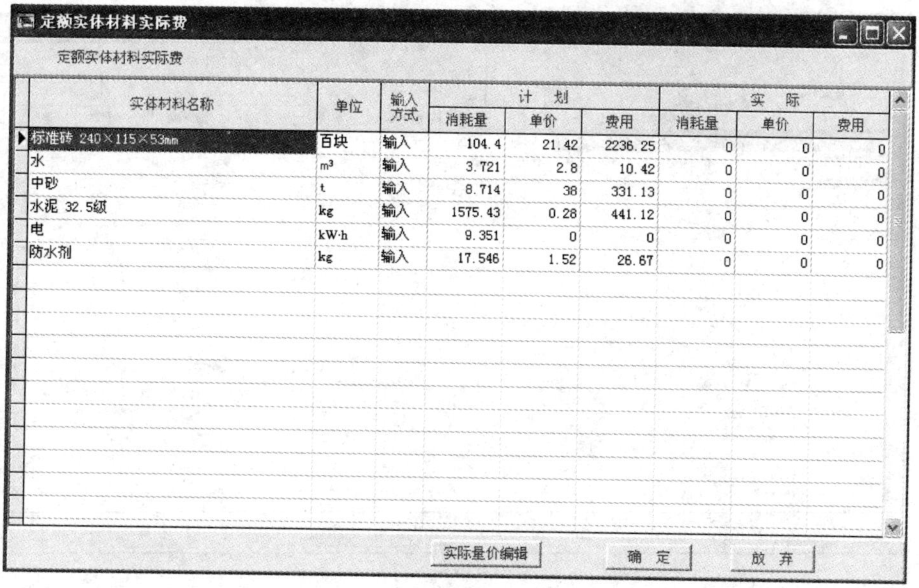

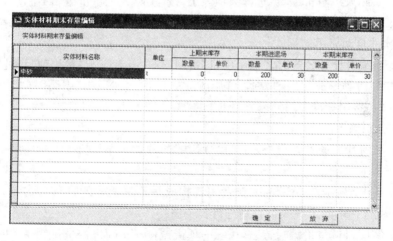

图 6.45 实际实体材料费编辑界面

图 6.46 实体材料期末库存量输入界面

(3) 输入实际现场施工费

选择"现场施工费差异",按[现场施工费差异输入]钮,软件弹出如图 6.47 所示窗口,用户既可直接输入对应于实际进度的人工、机械、周转材料的实际消耗量及单价,也可选择人工、机械、周转材料,按[实际量价编辑]钮,调用台账数据进行编辑。

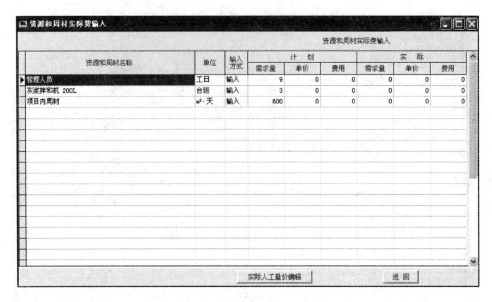

图 6.47 实际现场施工费编辑界面

① 实际人工量价编辑:选择某项人工,按[实际人工量价编辑]钮,软件自动调用该人工的本期"人工考勤"数据,弹出相应的编辑窗口,据此,用户编辑费用计算公式,软件自动显示结果。

注1:编辑计算公式时,"费用项目"由用户输入,对应于"费用项目"的"基本数据"是指经考勤形成的出勤数据,可从窗口左上角"基本数据"中调用。

注2:"费用标准"是指"基本数据"的"单位费用",既可以统一输入,也可以针对个人分别输入。

注3:所计算的费用分"现金"和"代办"两种,"现金"指用现金直接支付,"代办"指由项目代交。

注4:由于不同"工种"的人员费用其构成是不尽相同的,所以,实际人工量价编辑必须选择不同工种人员分别进行。

② 实际机械量价编辑:选择任意一项机械,按[实际机械量价编辑]钮,软件自动调用"机械进退场记录"中的数据进行计算,并弹出窗口将计算结果显示,按[确定]钮返回即完成费用编辑。

③ 实际周转材料量价编辑:编辑过程同"实际机械量价编辑"。

④ 实际资金编辑:选择一资金项,按[实际资金编辑]钮,软件自动调用"资金消耗记录"中的数据进行计算,并弹出窗口显示结果,按[确定]钮返回即完成编辑工作。

2) 计划刷新

选择"成本控制"菜单中"计划刷新"功能(按[计划刷新]钮),弹出如图 6.48 所示窗口,用户输入"口令(默认:1111)",按[确定]钮,此时,软件自动记录实际进度以及对应于实际进度的成本信息,并按原成本计划的逻辑生成始于本控制期末的新计划初稿,此时,软件返回"成本计划"状态,等待用户对新计划初稿进行"重新计划"。

基于所编辑的"重新计划",软件自动形成对应于"原计划"的控制期末"成本动态差异指标"以及相应的明细信息,据此预测施工项目成本变动趋势。

图 6.48 重新计划口令输入界面

6.3.7 关于"库管理"菜单

库管理主要是对相关"基础资料"的管理,其菜单包括如下功能:
◇ 系统常用材料名称
◇ 人机单价估算公式
◇ 实际人工量价编辑公式
◇ 人材机库
◇ 配合比及机械组成库
◇ 预算定额库
◇ 清单库
◇ 人材机信息价
◇ 定额综合单价调整公式
◇ 措施综合单价调整公式

关于软件"库管理"菜单包括的各项"基础资料"的编辑方法,用户只要进入相应的编辑窗口,软件将会给您必要的提示,您只要按提示操作软件,就能完成相应的编辑。

6.3.8 关于"报表编制"菜单

关于软件"报表编制"菜单,主要提供各种计划和控制报表的打印输出功能,用户只要选择"报表编制"菜单中的"某一张表",软件自动调用该报表并显示"预览"状态,按[打印]钮,即可完成打印输出。

本章小结

本章讨论了建筑施工企业成本管理模式及信息化方案、基于集成管理模式的施工项目成本计划和控制计算机辅助决策系统的主要功能、系统设计原理、相应的软件操作方法。

本章的重点是施工项目成本计划和控制计算机辅助决策系统工作原理、施工项目成本计划和控制计算机辅助决策软件的基本操作。

习 题

6-1 简答题

1. 简述施工项目成本计划和控制计算机辅助决策系统的主要作用。
2. 简述研发施工项目成本计划和控制计算机辅助决策系统的基本原理。

6-2 思考题

通过实地调研,了解目前使用的施工项目成本管理计算机辅助系统,并与本教材介绍的系统进行对比,说明各自的优缺点,写出研究报告。

习 题 答 案

第1章

1-1 单选题

1. A 2. B 3. B 4. D 5. C

1-2 填空题

1. 价格 2. 施工资源 3. 合理的投资控制体系 4. 施工技术、组织方法和优化施工作业行为 5. 标准成本控制原理

1-3 简述题

1. 答题要点：

(1) 业主方降低工程项目成本的途径，主要包括合理的项目定义、严密的采购安排、科学的造价计价等方面。

(2) 对应于降低成本的有效途径，业主方工程项目成本管理的侧重面，主要集中在通过制定合理的投资控制体系并据此规范项目组织机构和个人的业务行为等方面。

(3) 业主方工程项目成本管理采用的管理方法，一般包括项目策划方法、价值分析方法、限额设计方法、合同结构设计方法以及组织招标竞争等方面。

2. 答题要点：

(1) 施工方降低施工项目成本的途径，主要集中在不断地改善施工技术、组织方法和优化施工作业行为等方面，据此提高施工生产效率。

(2) 由于施工项目的技术水平、管理水平和施工作业行为等通常取决于施工项目管理组织中相关职能岗位做出的一系列决定，也就是说，施工过程中不同职能岗位决策的合理性以及相关职能岗位之间决策的协调性如何，将直接影响施工项目成本的大小，所以，对应于降低成本的有效途径，施工方工程项目成本管理的侧重面，主要集中在构建施工项目成本信息系统，通过实施基于成本信息系统的施工项目成本决策、计划、监测和分析等工作，一方面为不同职能岗位做出合理决策提供信息支持，另一方面，为实现相关职能岗位之间的协同决策创造条件，以便于采取合理的措施对施工过程进行整改。

(3) 施工方工程项目成本管理采用的方法，除了针对施工项目成本的计划、监测和分析等成本信息管理方法外，主要集中在针对施工过程的整改措施方面，包括技术方法、经济方法、组织方法和合同方法等。

3. 答题要点：

作为一种用于描述施工项目成本运行的表达体系,基于多要素集成方式的施工项目成本运行模型,是一种将施工过程中相关决策环节对施工项目成本的影响关联起来,描述各个职能岗位的决策环节与生产性费用相关性的模型。

模型的构建包括四方面内容:

首先,根据施工过程中生产性耗费的特点,将施工项目成本分解开来,提出施工项目成本的费用结构模型;

其次,研究基于不同耗费特点的成本项目的费用计算方法;

第三,研究决定费用大小的"量"和"价"指标及其与决策环节的相关性;

最后,提出基于集成管理方式的施工项目成本运行模型。

4. 答题要点:

施工项目成本管理作为施工项目管理的重要职能之一,是从满足成本费用最小化要求的角度,对施工过程进行的计划、执行和控制。

◇计划——确定成本目标并设计实现目标的有效方案

◇执行——组织必要的资源实施计划

◇控制——通过对执行过程实施监测,评估计划执行状况,必要时采取包括技术、经济、组织和合同在内的整改措施。

基于集成管理模式的施工项目成本计划、执行和控制一般原理的主要特点是:

首先,就计划过程而言,强调确定成本目标与拟定施工方案之间的循环互动。施工项目成本目标的确定,必须基于针对项目范围、施工方法、进度安排、资源选择等相关职能环节做出的决定,只有在相关职能环节通过决策拟定施工方案基础上,才能据此确定相应的成本目标,反过来,将所确定的成本目标作为评价标准,也会对其他职能环节所做的决定产生影响,通过与相关职能环节之间的互动,实现综合优化。

其次,就执行过程而言,认识到除了施工项目管理中的执行之外不存在专门针对施工项目成本管理的执行。组织必要的施工资源形成实施计划所需的施工能力,并通过领导工作动员组织单元按计划完成相应的施工任务,这本身就是施工项目管理的重要工作,施工项目成本管理更侧重于拟定成本目标和监测计划的实施效果,并将监测结果反馈给其他职能环节的管理者,以便其采取措施更好地执行。

第三,就控制过程而言,强调主要任务是给相关职能岗位的管理者提供决策支持信息以帮助其开展整改工作。施工项目成本管理的控制过程更侧重于对成本计划的执行效果实施监测和评估计划执行状况等信息管理工作,并据此通过信息反馈机制支持其他职能环节的管理者采取包括技术、经济、组织和合同等在内的措施对施工过程进行整改。

总结:作为施工项目管理的重要职能之一,施工项目成本管理更侧重于对计划、执行和控制过程中相关成本信息的收集和处理,并通过反馈机制影响其他职能环节的行动。如果将执行排除在外,那么,施工项目成本管理过程主要是针对施工过程的计划和控制。考虑到施工过程一般会因受到干扰因素的影响而发生变更,所以,还必须根据变化了的条件将计划和控制工作贯穿于施工全过程。

1-4 思考题 略

第2章

2-1 单选题

1. B 2. A 3. C 4. D 5. D 6. A

2-2 填空题

1. 承包范围和质量标准 2. 实施主体和作业对象 3. 施工资源 4. 项目范围、施工方法、资源选择以及施工进度 5. 二层分离 6. 价格核算体制

2-3 简答题

1. 答题要点：

施工项目的概念：

(1) 施工项目是施工企业履行施工合同的一次性过程。

(2) 作为一种特殊的"项目"类型，施工项目除了具备"项目"的一般属性外，还具有如下两方面的特点：以营利为目的；项目范围取决于施工合同和施工方案。

系统结构的一般模式：

(1) 系统结构是指系统的构成及其相互关系，施工项目一般由工作分解结构和物资保障体系两个子系统组成，两个子系统之间是一种矩阵关系。

(2) 施工项目工作分解结构是从项目活动的角度描述施工项目的系统构成及其相互关系的层次化树状结构。作为工程产品的生产过程，均可按产品生产的工艺要求分解成由复杂到简单的具有一定层次性的树状结构。首先，施工项目是完成合同任务需开展的全部施工活动的集合；其次，根据任务性质不同，可以将施工项目分解成实体性施工活动、措施性施工活动和现场管理工作等三类；第三，就实体性施工活动和措施性施工活动而言，又可按工程部位或结构类型进一步将其分解成一系列分部工程；第四，按施工工艺或构造要求不同，又可将分部工程进一步分解成一系列分项工程；第五，针对现场管理工作，可以按不同的职能环节将其分解成一系列职能管理工作。

(3) 作为施工活动的实施主体和作业对象，对应于施工项目工作分解结构的层次性，相应的物资保障体系必然是一种具有层次性的体系结构。按照目前施工企业的一般性做法，施工项目物资保障体系的一般模式为：首先，按不同的归属将物资保障体系中的资源和材料归类为项目内施工资源、分包商、管理类资源和实体材料等部分，其中，项目内施工资源、实体材料和管理类资源是指由总承包企业直接采购并配置在施工现场的物资保障，分包商作为总承包企业外购的施工能力，施工过程中需要的资源和材料通常由分包商负责采购、供应和使用；其次，归属于不同责任单位的资源均可被进一步分解成人工、施工机械和周转材料等，施工过程中需要的各种实体材料一般由相应的责任单位负责采购供应；最后，对应于施工项目工作分解结构的层次性，归属于不同责任单位的施工资源，均需按完成施工任务的工艺和组织要求，形成对应于施工活动的资源组合，不同的资源组合分别作用于相应的施工活动，才能顺利地完成施工任务。

(4) 施工过程就是组织并动员物资保障体系中的施工资源形成施工能力，并将其作用于建筑材料，通过一系列施工活动最终完成施工合同定义的施工任务的过程。施工项目工作分解结

构作为施工活动和管理工作的集合,实施主体是配置在施工现场的施工资源,作业对象(客体)是建筑材料。施工过程中工作分解结构和物资保障体系之间是一种矩阵关系,如果将时间因素也考虑进来,则根据施工活动之间的技术和组织逻辑,通过计算可以确定不同施工活动在时间上的分布,施工活动在时间上的分布决定了项目进度,项目进度又是由施工现场的生产工人、管理人员、施工机械和周转材料等项目内施工资源推动的,施工过程还需委托分包商完成部分任务,并需消耗各种建筑材料。

2. 答题要点:

施工项目成本分解结构:

根据施工过程中生产性耗费的特点,施工项目成本可以被分解成实体材料费、分包工程费、现场施工费等三大费用项目,其中,现场施工费又由项目内施工资源费和现场包干费构成。

成本运行的一般规律:

(1) 构成施工项目成本的各项费用,其大小均取决于"量"和"价"两种指标,由于费用性质不同,所以,决定费用大小的"量"和"价"指标的含义及其计算方法也不相同。

(2) 施工项目成本的大小取决于施工过程中"量"和"价"两种指标,决定成本费用大小的"量"和"价"的指标值,则主要受施工过程中相关职能岗位做出的决策的影响。

(3) 虽然施工企业的原则是"按图施工",但是,针对同一份施工图设计,施工企业可以选择不同的技术方法和组织措施开展施工作业,施工过程中相关职能岗位做出的不同决策,将直接影响施工项目对资源和材料的需求。

(4) 对应于资源和材料的需求指标,施工项目采用何种价格核算体制、何种采购模式以及基于既定采购模式的合同条件,这些决策环节均会影响资源和材料的价格水平,相应地也会对施工项目成本产生影响。

(5) 施工项目成本运行是一种基于相关职能岗位所做出决策的、贯穿于施工全过程的、对影响施工项目成本的"量"和"价"指标进行预测、权衡、计算和汇总的系统过程。

2-4 思考题 略

第3章

3-1 单选题

1. C 2. D 3. A 4. B 5. A 6. A 7. D 8. C 9. D 10. A

3-2 填空题

1. 实际成本 2. 成本计划 实际成本 成本分析 3. 动态管理 4. 整体与局部 5. 施工成本 6. 基层 7. 干扰因素 8. 实体材料费累计 9. 实际施工资源费累计 10. "挣值"

3-3 计算题

1. 答题要点:

标准砖总消耗量=40×5.22=208.8(百块)

控制期内发生的实际标准砖费用=52.2×32=1 670.4(元)

实际标准砖费累计=1 670.4(元)

实际标准砖消耗量累计=52.2(百块)

施工项目总标准砖费＝1 670.4＋(208.8－52.2)×36＝7 308(元)

2. 答题要点：

期内计划标准砖费＝20×522×0.3＝3 132(元)

期内计划机动翻斗车费＝20×3×86＝5 160(元)

期内计划现场包干费＝20×400＝8 000(元)

期内计划分包工程费＝600×(40＋20＋15)＝45 000(元)

3-4 思考题 略

第4章

4-1 单选题

1. B 2. D 3. A 4. C 5. A 6. B 7. A 8. D 9. C 10. A

4-2 填空题

1. 变更签证、调价依据、施工索赔 2. 资源和材料 3. 未完工程 4. 实际进度 5. 制造成本 企业管理费、规费 6. 施工图 7. 成本监测 8. 原承包工程造价 9. 原清单计价方法 10. 正常工作时间

4-3 计算题

1. 答题要点：

最早开始和最早完成时间计算：

$ES(S) = 0$ $EF(S) = 0$

$ES(A) = 0$ $EF(A) = 5$

$ES(B) = 5$ $EF(B) = 8$

$ES(C) = \max[8, 5+2] = 8$ $EF(C) = 10$

因为 $ES(C) - EF(A) = 8 - 5 = 3 < 5$ $FTS = 5MA$ $FTS = 5MA$

所以 保持 A 的原计算值不变

$ES(F) = 10$ $EF(F) = 10$

最迟开始和最迟完成时间计算：

$LF(F) = 10$ $LS(F) = 10$

$LF(C) = 10$ $LS(C) = 8$

$LF(B) = 8$ $LS(B) = 5$

$LF(A) = \min[8-2, 5] = 5$ $LS(A) = 0$

因为 $LS(C) - LF(A) = 8 - 5 < 5$ FTS $FTS = 5MA$

所以 保持 A 的原计算值不变

$LF(S) = 0$ $LS(S) = 0$

2. 答题要点：

(1) 全年计时人工费的计算

根据所确定的全年有效工作时间和相应的工资标准，分别计算施工项目中"瓦工"和"木工"在一个会计年度内发生的计时人工费用如下表所示。

序号	费用名称	瓦工	木工
1	基本工资	15×330=4 950(元)	20×330=6 600(元)
2	工资性补贴	280×12=3 360(元)	300×12=3 600(元)
3	辅助工资	10×35=350(元)	10×35=350(元)
4	职工福利费	(4 950+3 360)×14%=1 163.4(元)	(6 600+3 600)×14%=1 428(元)
5	劳动保护费	4×330=1 320(元)	4×330=1 320(元)
6	自备工具使用费	1×330=330(元)	1×330=330(元)
7	法定保险费	(1+…+6)×15%=1 721.01(元)	(1+…+6)×15%=2 044.2(元)
8	雇佣及辞退费分摊	(1+…+6)×1%=114.73(元)	(1+…+6)×1%=136.28(元)
9	合计	13 309.14元	15 808.48元

(2) 计算各工种工人的计时人工单价

$$瓦工计时人工单价 = \frac{13\ 309.14}{345} = 38.58(元/进度计划工作日)$$

$$木工计时人工单价 = \frac{15\ 808.48}{345} = 45.82(元/进度计划工作日)$$

4-4 简述题

1. 答题要点：

编制施工项目进度及资源计划主要包括构建施工项目工作分解结构、经网络分析确定计划进度、拟定分包方案、编制基于计划进度和分包方案的资源需求计划等环节,由于这些环节之间存在关联性,所以,计划过程中主要环节的工作一般是以相互交替的方式进行的。

基于施工合同约定的承包范围和质量标准,构建施工项目工作分解结构的过程,主要包括拟定施工方案、计算成本工程量、定义施工活动和施工活动界面分析等工作。

基于施工合同约定的总工期,经网络分析确定施工项目计划进度的过程,主要包括网络图时间参数计算、确定施工活动的计划进度、根据资源可获得性并结合资源使用均衡性要求进行优化设计、编制施工项目进度计划等工作。

编制基于计划进度的资源需求计划的过程,主要包括拟定分包方案、根据施工过程对资源的需求并结合分包方案选择项目内施工资源、确定项目内资源的配置强度和装备时间、编制项目内资源需求直方图等工作。

2. 答题要点：

确定机械租赁单价的静态方法是指不考虑资金时间价值的方法,采用这种方法计算机械租赁单价的基本思路是：首先,根据规定的构成机械租赁单价的费用项目,计算施工机械在单位时间里所需发生的费用,并以该费用作为机械的边际租赁单价,所谓边际租赁单价是指仅仅达到保本要求的租赁单价；其次,根据出租市场的行情和本企业拟定的市场策略确定相应的期望利润；最后,将边际租赁单价加上所确定的期望利润即得到该机械的租赁单价。

3. 答题要点：

确定机械租赁单价的动态方法是在计算机械租赁单价时考虑资金时间价值的计算方法，采用这种方法确定机械租赁单价的基本思路是：首先，根据施工机械的成本资料确定使用年限内不同时间阶段的资金流出和资金流入数，实际工作中，确定资金流出和流入的时间阶段一般以年计量；其次，确定机械在使用年限内的期望年收益率；最后，采用"折现现金流量法"计算为实现既定期望收益率所必需的年租金收入并将该租金收入除以相应的年出租天数得到机械的租赁单价。

4-5　思考题　略

第5章

5-1　单选题

1. A　2. A　3. A　4. C　5. A

5-2　填空题

1. 测量并记录　2. 调查项目　3. 进(退)场　4. 租赁单价　5. 监测指标　6. 现状及其变动趋势　7. 允许差异　8. 工程变更　9. 对施工过程产生的影响　10. 项目经理

5-3　思考题　略

第6章

6-1　简答题

1. 答题要点：

借助于施工项目成本计划和控制计算机辅助决策系统，能够给管理者提供必要的决策支持，帮助其做出科学的施工决策。由于降低施工项目成本的有效途径，在于能合理地组织施工，而这有赖于科学的施工决策，所以，一方面，施工项目成本计划和控制计算机辅助决策系统必须为不同职能岗位做出合理决策提供信息支持，另一方面，为实现相关职能岗位之间的协同决策创造条件。

2. 答题要点：

首先，通过对施工过程的系统分析，将影响施工项目成本的相关要素关联起来并结构化，提出施工项目成本运行的系统模型；其次，基于成本运行模型，通过研究施工项目成本全面计划和全过程控制方法，据此集成数据信息并提出计算流程；第三，根据施工决策对信息支持的要求，通过系统输入输出设计，提供人机交互的系统界面。

6-2　思考题　略

参 考 文 献

[1] 俞启元,吕玉惠.施工项目进度成本集成管理[M].北京:中国建筑工业出版社,2008
[2] 成虎,陈群.工程项目管理[M].北京:中国建筑工业出版社,2009
[3] [英]F.哈里斯,R.麦卡费.现代工程建设管理[M].吴之明,卢有杰,译.北京:清华大学出版社,1995
[4] [美]罗伯特·K.威索基,小罗伯特·贝克,戴维·B.克兰.有效的项目管理[M].李盛萍,常春,译.北京:电子工业出版社,2002
[5] 戚安邦,孙贤伟.建设项目全过程造价管理理论与方法[M].天津:天津人民出版社,2004
[6] [英]A.N.鲍德温,R.麦卡弗,S.A.奥泰法.国际工程编标报价[M].张文祺,邹建平,译.北京:水利电力出版社,1995
[7] 王雪青.国际工程项目管理[M].北京:中国建筑工业出版社,2000
[8] 俞启元,吕玉惠,张尚.施工项目进度成本集成计划和控制方法研究[J].建筑经济,2012(7):61-64
[9] 吕玉惠,俞启元,张尚.施工项目成本监测指标体系构建[J].财会月刊,2013(1月下):55-58
[10] 俞启元,吕玉惠.基于系统集成理论的施工项目成本运动模型研究[J].财会月刊,2012(24):53-55
[11] 吕玉惠,俞启元.基于BIM的施工项目多要素集成管理信息系统研究[J].建筑经济,2013(8):35-38